दर्द से दा

रतना कौल भारद्वाज

BlueRose ONE.com
Stories Matter
NewDelhi • London

BLUEROSE PUBLISHERS
India | U.K.

BlueRose ONE
Stories Matter
NewDelhi • London

For permissions requests or inquiries regarding this publication,
please contact:

BLUEROSE PUBLISHERS
www.BlueRoseONE.com
info@bluerosepublishers.com
+91 8882 898 898
+4407342408967

ISBN: 978-93-5989-886-5

Cover design: Tahira
Typesetting: Tanya Raj Upadhyay

First Edition: March 2024

यह काव्यसंग्रह मैं अपने प्रियजनों को समर्पित करती हूँ। यह समर्पित है परिवार के सभी सदयों और मित्रों को जिन्होंने इस सफ़र में मेरा साथ दिया और मेरे प्रेरणाश्रोत रहे। मैं आभार व्यक्त करती हूँ अपने उन पाठकों के प्रति, जो मुझे सोशल मीडिया के माध्यम से पढ़ते रहे हैं और अपने कमेंट से मेरे आत्मबल को संबल देते रहे हैं।

------ रतना कौल भारद्वाज

दो शब्द

यह मात्र काव्य संग्रह नहीं, बल्कि मेरी आराधना है। एक अंतहीन यात्रा, जीवन का एहसास और भयावह गूंज है। ये कविताएं मुझसे बोल रही हैं, और मुझसे बहुत कुछ पूछ रही हैं। मैं आत्मचिंतन और मंथन करती हूं। यह काव्यसंग्रह, अनचाही आपदाओं में, मेरे द्वारा जिए हुए अनुभवों की प्रतिचित्र है जो मन को सहलाती भी है और आत्मसाक्षात्कार हेतु उत्प्रेरित भी करती है। इस संग्रह के माध्यम से मैने भावनाओं के विभिन्न आयामों को व्यक्त करने की कोशिश की है। इन कविताओं में जहां आक्रोश है, रूदन है, वहीं इनमें आशा की किरणें भी समाहित हैं।

कश्मीर से विस्थापित होने के बाद, हम कश्मीरी पंडितों को न जाने किन-किन विषम परिस्थितियों से गुजरना पड़ा। अपने ही देश में "विस्थापित" कहे जाने के बाद भी हमने हमेशा देशहित में सोचा और यथोचित योगदान भी दिया। अपना घर, अपनी जमीन छोड़ने का दुःख इतना गहरा था कि सुकून की चाह में हम अनवरत मन के पन्ने पलटते रहे। खुद को समझाने का यह तरीका कभी सफल रहा तो कभी असफल भी रहा। इस कवायद में कभी चैन की नींद नसीब नहीं हुई; बेचैनियां और भी बढ़ती रहीं। हम साहस के साथ जुटे रहे और धीरे-धीरे जिंदगी की पगडंडियों को लंबी राहों से जोड़ते रहे; कदम से कदम मिलाकर आगे बढ़ते रहे। इसी यात्रा के दौरान न जाने कितनी विसंगतियों की साक्षी बनी। हजारों बेबस और लाचार चेहरों का सामना हुआ। घर से विस्थापित होने का दुःख अब नए अवतार में मुझसे पुनः रूबरू हुआ था। मैं अनिद्रा से जाग उठी थी ....

"भीतर सैलाब, विचिलित मन
होश गुम, बेसुध तन
सहमी-सुलगी सी मन की तड़प
अपने ही खयालों से खुद की झड़प
गर्म लावे सी तपन अंदर

परतें हर्षोल्लास की चेहरे पर
बाजार इस प्रचण्ड जीवन का
क्यों आपा धापी से है भरा हुआ?"

और इसे समझने की कोशिश में, मैं आत्मसाक्षात्कार की ओर अग्रसर होती हूं....

"कुछ संभावनाएं जो कठिन तो हैं
पर यथार्थ में जीवन का स्वरूप है
हमारा मूक हृदय
धीरे से समर्पण करते हुए
उन संभावनाओं को
आमंत्रित करता है
जिसका परिणाम अनिश्चित है
पर एक अज्ञात दुनिया में
कदम रखना है
और खोजना है अपना असली व्यक्तित्व...."

इस दौरान महसूस होता है कि "मेरी गति ही मेरा विश्वास है"

"यह कायनात एक आस है
मेरी गति ही मेरा विश्वास है
हमसफर बदलते हैं राहों में
दम है बस तो मेरी बाहों में
मन मुझको थपकी दे देकर
कहता था कुछ तो सीख जरा
वहम की धूल उड़ा, अर्जित कर
छोटी-छोटी जीत ज़रा...."

इन मुश्किल क्षणों में मेरे भावुक हृदय को एहसास होता है कि मेरा अपना घर, अपनी जमीन छोड़ने से अधिक भयानक, देश की संस्कृति को धूमिल होता हुआ देखना है। यह एक डरावने सपने की तरह है और अंतर्मन से चीत्कार उठी, जिसे मेरी लेखनी ने ललकार में बदल दिया...

"उठ मानव तू जाग ज़रा
मंथन कर तू अंतर्मन से
गया वक्त लौटेगा नहीं
तू भाग न ऐसे जीवन से..."

दर्द की कोई दवा नहीं। अपने अंतर्मन के दर्द से बागियों की भांति लड़ना, कोई विकल्प नहीं। दर्द को गले लगा लेना, उसके समक्ष समर्पण कर देना या इससे भागना एक प्रकार की कायरता है। तो इससे लड़ना और भागना या इसको सहना अव्यवहारिक है। जब हम दूसरों को समझने की कोशिश करते हैं, जब हम खुली आंखों से तथा निजी स्वार्थ से ऊपर उठकर इस विचित्र संसार को देखते हैं, तो अपना दर्द छोटा प्रतीत होने लगता है। हमारा उद्देश्य दिव्यस्वरूप धारण करता है, आंतरिक दर्द हारने लगता है और एक परमार्थपूर्ण यात्रा प्रारंभ होती है — "दर्द से दायित्व तक"।

------ रतना कौल भारद्वाज

काव्यात्मक अभिव्यक्ति

"दर्द से दायित्व तक" एक खूबसूरत काव्य पुस्तक है, जिसमें कवयित्री रत्ना कौल भारद्वाज ने विविध विषयों पर अपनी भावनाओं को शब्दों में पिरोया है।

कल्पना और भाषा कौशल के साथ, कवयित्री "दर्द से दायित्व तक" काव्य रूप के माध्यम से एक गहरी और सुंदर दुनिया बनाती हैं। प्रत्येक कविता अपने विषय को जीवंत करती है और पाठकों के दिलों में गहरे छाप छोड़ती है। विभिन्न कविताएं सामाजिक मुद्दों, प्रेम, प्राकृतिक सौंदर्य, और मानवीय भावनाओं को छूने का प्रयास करती हैं। इस काव्य संग्रह में भावनात्मक राहों पर एक सफर है, जो जीवन के विभिन्न पहलुओं को प्रकट करता है। कविताओं की भाषा सरल है, लेकिन उनमें गहराई होती है जो पठकों को विचार करने और सोचने पर मजबूर करती है।

इस काव्य संग्रह में कई कविताएं सामाजिक मुद्दों पर बल देती हैं, जैसे कि समाज में असमानता, समाजिक न्याय, और मानवाधिकार। कविताएं समाज की अवस्था को प्रकट करती हैं और इस पर विचार करने के लिए पठकों को प्रोत्साहित करती हैं। प्रेम के विभिन्न पहलू भी अछूते नहीं रहे, जैसे कि इश्क, दर्द, और वास्तविक जीवन में प्रेम के महत्व की बात की गई है। ये कविताएं पठकों के मन में भावनाओं को उजागर करती हुई प्रेम के रंगीन सफर को व्यक्त करती हैं। कविताएं प्राकृतिक सौंदर्य को महत्व देती हैं और उसके सौन्दर्य को गीतों के माध्यम से प्रकट करती हैं. प्राकृतिक दृश्यों, प्राकृतिक तत्वों और जीवन की सुंदरता को व्यक्त करने के लिए शब्दों का उपयोग किया गया है.

जैसे कलाकार की आत्मा उसकी कला में बसी होती है वैसे ही एक कवयित्री की आत्मा उसकी कृति, उसकी कविता से झलकती है जो शब्दों के माध्यम से भावनाओं की गहराइयों तक जा पहुंचती है। उसकी कविताएं अक्षरों के खेल के साथ-साथ भव्य और सुंदर छवियों का निर्माण करती हैं, जो पाठकों के हृदय में स्थान बना लेती हैं। वह अपने शब्दों का उपयोग इस तरीके से करती है कि व्यक्ति उन्हें समझ सकता है और उनकी कविताओं का आदर करता है। एक कवयित्री की कला कविता के माध्यम से समाज में

कई बार बदलाव के लिए होती है और वह लोगों को अपनी दुनिया में ले जाती है, जहां भावनाओं का संगीत होता है और शब्दों का जादू होता है।

रत्ना कौल भारद्वाज की प्रत्येक कविता में हर बार एक अलग ही अनुभूति होती है। कविता, कवियत्री के हृदय की गहराइयों में डूबे भावों को उभारने का साधन है और इस साधन का प्रयोग कवियत्री बख़ूबी समझतीं हैं। सीधे शब्दों में वह अपने मनोभावों को बहुत कुशल तरीके से व्यक्त करती हैं। कुछेक कविताओं का यहां वर्णन आवश्यक है। 'एकांत' एक बहुत ही व्यक्तिगत अनुभूति है जिसे बड़ी सुंदरता से कवयित्री ने पाठकों के संग साझा किया है:

"आज खिन्नता का दामन छोड़ कर
अपने आंतरिक दुनिया में
खो जाने को जी चाहता है,
एकांत में उपजे भावों को समेट लूं,
कलम को अपनी संगिनी बनाकर,
एक नए संसार में दो पल जी लूं
वह संसार जो ईंट बाटे की
चकाचौंध से हटकर
विचारों को मान देता है"।

"एकांत" का साझा करना, कविता के माध्यम से व्यक्ति के अंदर की गहराइयों को और भी खूबसूरत तरीके से प्रकट किया है। सीधे शब्दों में अपने मनोभावों को बहुत कुशल तरीके से व्यक्त किया है।

या,

"वह एक पल
वह एक पल सिर्फ मेरा था
जिसेमैं पीछे छोड़ आई हूं
अदृश्य शक्तियों की जननी हूं

कोरे कागज़ की रोशनाई हूं......"

या,

अनिंद्रा से जब जाग उठी...

"भीतर सैलाब, विचिलित मन
होश गुम, बेसुध तन
सहमी सुलगी सी मन की तड़प
अपने ही खयालों से खुद की झड़प"

रत्ना कौल भारद्वाज अपनी कविताओं में अपने भावनाओं और विचारों को सुंदरता से व्यक्त करती हैं। वे शब्दों के माध्यम से अपने मन की गहराइयों को बाहर लाती हैं ताकि पाठक उनकी भावनाओं को समझ सकें और उनसे जुड़ सकें। जब कोई व्यक्ति अकेले होता है और अपने आप में डूबा रहता है, अपने विचारों और भावनाओं के साथ। अंतर्मन की कुछ ऐसी ही अभिव्यक्ति 'आत्मसाक्षात्कार' में है:

"कुछ संभावनाएं जो कठिन तो हैं
पर यथार्थ में जीवन का स्वरूप हैं।
हमारा मूक हृदय
धीरे से समर्पण करते हुए
उन संभावनाओं को
आमंत्रित करता है
जिसका परिणाम अनिश्चित है"

या,

तृष्णा का कोई अंत नहीं...

"वैसे किताबें भरी पड़ी हैं कई फलसफों से
जिससे पीछा छूटे जलती तृष्णाओं से

इनका भी है एक आचरण, एक दस्तूर
गर जीवित ईमान हो, कोई नहीं कसूर"

विभिन्न विषयों के प्रति रत्ना कौल भारद्वाज की संवेदनशीलता हृदय को छू लेती है। उनकी कृतियों का जो प्रभावशाली पहलू झलकता है, वो यह कि कवयित्री संवेदनशील हैं, भावुक हैं परन्तु विपरीत परिस्थितियों में भी उनकी विचारधारा में शिथिलता नहीं है और न ही जटिलताओं के आगे घुटने टेके हैं बल्कि अपनी लेखनी के माध्यम से निरंतर बढ़ते रहने को प्रेरित करती हैं। कभी 'पंडित हूँ पर खंडित हूँ' लिखने वाली कलम एक बार पुनः समाज को अपना सन्देश देती है--- 'खंडित हूँ पर पंडित हूं'। इस कविता में विस्थापन का दर्द तो छलकता है लेकिन उस दर्द को लेकर बैठे रहना समस्या का समाधान नहीं अपितु आत्मविश्वास से नया इतिहास रचने की प्रेरणा देता है:

"हम परिपक्व हैंऔर शिक्षित भी
चलो मिलकर रचे इतिहास नए
बता दें लाचार नहीं कश्मीरी पंडित
आओ हम खुद अपनी पहचान बने"

या,

पहल तो करो...

"बेहतर को इतना ही खोजो
कि खो न दे बेहतरीन को हम
आंखें खोल के मन को टटोलो
चंद पलों का है ये जीवन"

या,

मैं जीना चाहती हूं....

"खुद को माला में पिरोना है,
न थकना, न हारना, बस बहते रहना है;
आखरी मंजिल को पाना है
क्योंकि जीवन का उद्देश्य आगे बढ़ना है"
या,

एक जिज्ञासु भावना....
"एक जिज्ञासु भावना
हमारे अंतर्मन में
कुरुक्षेत्र का रूप लेकर,
भीतर ही भीतर
ज्वाला सी दहक रही है
फूलों सी महक रही है"।

रत्ना कौल भारद्वाज अपने कविताओं के माध्यम से सकारात्मक सोच को पाठकों के लिए प्रेरणास्रोत बनाती हैं। उनकी विविध और सक्षम लेखनी न केवल उनकी भावनाओं को सुंदरता से व्यक्त करती है, बल्कि यह भी दिखाती है कि जीवन के हर पहलू में सीख है, और कठिनाइयों का सामना करना सिर्फ एक और अवसर है। उनके शब्दों के माध्यम से, पाठक नए दृष्टिकोण प्राप्त करते हैं और सकारात्मकता की ओर मुड़ते हैं। कविताओं के माध्यम से कवयित्री की स्पष्ट अभिव्यक्ति है कि समस्याओं का समाधान दर्द में भी अपना दायित्व समझते हुए सकारात्मक मानसिकता और आत्मविश्वास के साथ ही हो सकता है।

"दर्द से दायित्व तक" की कविताएं मानवीय भावनाओं को गहराई से छूने का प्रयास करती हैं, जैसे कि उत्सव, दुःख, आत्मा की खोज, और सहयोग। इन कविताओं के माध्यम से, कवियत्री मानवीय अनुभवों को साझा करने का प्रयास करते हुए पाठकों के साथ एक भावनात्मक संवाद शुरू करती है। उनकी विविधता और सक्षमता के साथ की गई लेखनी पाठकों को उत्साहित करती है कि वे भी अपने जीवन में सकारात्मक बदलाव कर सकते हैं, चाहे वो किसी भी परिस्थिति में हों।

आत्मविश्वास और सकारात्मकता से भरपूर रूप में रत्ना कौल भारद्वाज की कविताएँ पाठकों को प्रेरित करती हैं और उन्हें जीवन के हर पहलू को सकारात्मकता से देखने की दिशा में मार्गदर्शन करती हैं। ऐसी सकारात्मक सोच पाठकों के लिए प्रेरणास्रोत बनने में अवश्य सफल है। विविधता लिए हुई उनकी सशक्त लेखनी की निरंतर सक्षमता और सफलता के लिए मेरी शुभकामनाएं हमेशा रत्ना कौल भारद्वाज के साथ हैं।

---रचनाविनोद

(रचनाविनोद ऐसी साहित्यकार हैं जिन्हें किसी परिचय कि आवश्यकता नहीं। लेखिका हिंदी, अंग्रेजी और डोंगरी में सम्प्रभुता रखती हैं और इन्होंने तीनों भाषाओँ में समान रूप से अपनी प्रतिभा को प्रकाशित किया है। इनकी काव्यसंग्रह 'अड़या मड़या गीतें भरया' और 'हिरखी फुहार' डोंगरी भाषा में अत्यंत लोकप्रिय हुई। हिंदी में भी कविता संग्रह 'ऋतुराजस रणबांकुर राग', 'अनकही सरगम' और कहानी संग्रह 'मध्यरात्रिक क्षण' तथा 'पर्वतों के दायरे' प्रकाशित हो चुकी हैं। अंग्रेजी भाषा में इनका उपन्यास 'KASHMIR KONNECTIVITY:A BIOSKETCH' काफ़ी लोकप्रिय है। इसके अतिरिक्त और भी दर्जनों किताबों में सहायक लिखिका के रुपे में अपना योगदान दे चुकी हैं।)

प्रस्तावना – डॉ. शीराली आर्य

प्रतिभाशाली कवयित्री, रतना कौल भारद्वाज द्वारा बुनी गई एक उत्कृष्ट कृति, हिंदी कविता के इस असाधारण संग्रह को मैं आपके सामने बड़ी खुशी और हार्दिक उत्साह के साथ प्रस्तुत करती हूं। इस पुस्तक के पृष्ठों के भीतर, आप रतना की काव्य अभिव्यक्ति की गहराई और सुंदरता का अनुभव करते हुए भावनाओं की एक गहन यात्रा पर जाएंगे।

कुछ कविताओं में ही यह स्पष्ट हो जाता है कि रतना में मानवीय भावनाओं के सार को समझने की असाधारण क्षमता है। उनके शब्द पूरी तरह से पृष्ठों पर नृत्य करते हैं, जो जीवन के अनुभवों की चमक से प्रकाशित होते हैं। हर पंक्ति के साथ, उनकी कविता हमारी आत्मा की जटिलताओं को सुलझाती हुई प्रतीत होती है, और भावनाओं की अभिव्यक्ति हमारे दिलों पर एक अमिट छाप छोड़ती है।

रतना की रचनात्मकता कोई सीमा नहीं जानती, क्योंकि वह अपनी अनूठी कलात्मक दृष्टि के साथ भाषा की शक्ति को अच्छी तरह से जोड़ती है। प्रत्येक कविता एक कलात्मक कृति है, जो सजीव चित्रों और गहन रूपकों के साथ सावधानीपूर्वक तैयार की गई है। उनकी लेखन शैली ताजगी भरी हवा की भांति है, एक समकालीन मोड़ के साथ पारंपरिक काव्य तत्वों को मिश्रित करती है, जो पाठकों को वास्तव में एक आकर्षक और समृद्ध अनुभव प्रदान करती है।

यह काव्य संग्रह हमारे अस्तित्व की गहराई को छूने की अटल क्षमता को दर्शाती है, और रतना कौल भारद्वाज को इस प्रतिभा में महारत हासिल है। उनके शब्दों में एक अवर्णनीय जादू है, वे हमारे दिलों के तारों को छेड़ती हैं और हमारी कमजोरियों को उजागिर करती है तथा एक सशक्त जीवन जीने के लिए उत्प्रेरित करती हैं। उनकी कविताओं में हमें व्यक्तिगत अनुभवों से जोड़ने की अप्रतिम क्षमता है, जो हमें मनुष्य रूप में बांधने वाली भावनाओं को पुनः जागृत करती हैं।

जब आप रतना की समृद्ध कविताओं की तपोभूमि में प्रवेश करते हैं, तो आपको गहन आत्मविश्लेषण के क्षण और सांत्वना प्राप्त होती है। एक-एक शब्द हमारे भीतर सूरज

और चाँद के समान प्रकाशमान होते हैं, अपनी कमजोरियों को गले लगाने के लिए हमें प्रोत्साहित करते हैं और आत्मा की सुंदरता से हमें रूबरू करते हैं। भावनात्मक कविताओं का यह संग्रह एक कवि का सच्चे कलाकार के रूप में प्रस्तुत किया गया एक अविस्मरणीय उपहार है। तो, प्रिय पाठक, अपना हृदय खोलो, इन जादुई शब्दों के सामने आत्मसमर्पण करो, और अपने आपको एक ऐसी दुनिया में जाने दो जहां भावनाएं फलती-फूलती हैं।

मेरी कामना है कि यह पुस्तक उन सभी लोगों के लिए, जो इस साहित्यिक यात्रा को शुरू कर रहे हैं, प्रेरणा का स्रोत बने। रतना के शब्द आपको आच्छादित करें, और आप भाषा की शक्ति, भावनाओं की सुंदरता और कविता की परिवर्तनकारी क्षमता को अनुभव करें।

हार्दिक सम्मान --- डॉ. शिराली आर्य

*(डॉ. शिराली आर्य को कई अंतरराष्ट्रीय पुरस्कारों से सम्मानित किया गया है, विशेष रूप से यूनाइटेड किंगडम में अंतर्राष्ट्रीय अनुसंधान संघ से **भारतीय महिला अचीवर पुरस्कार**, न्यूजीलैंड में टौरंगा के मेयर से **एकल वयस्क शिक्षक प्रशंसा**, भारतीय उपलब्धि मंच से **अंतर्राष्ट्रीय अचीवर पुरस्कार**, आईएसओ 9001 सीईआरटी द्वारा शिक्षा क्षेत्र में वैश्विक उत्कृष्टता और नेतृत्व सहित भारत में एक्सएल रिसर्च मीडिया और फॉक्सक्लूज प्राइवेट लिमिटेड द्वारा दिया गया **शीर्ष शोधकर्ता** की उपाधि। उनका योगदान प्रशंसा से परे है। उन्होंने जर्मनी में ग्रिन द्वारा प्रकाशित बैंकिंग उद्योग पर केंद्रित एक प्रबंधन पुस्तक लिखा है। इस प्रकाशन ने पुस्तक प्राधिकरण द्वारा सबसे बेहतरीन बैंकिंग किताबों में से एक के रूप में मान्यता प्राप्त की है, जो सीएनएन और फोर्ब्स इंक जैसे प्रतिष्ठित प्लेटफार्मों पर प्रदर्शित हुई है। डॉ. शिराली आर्य एक पेशेवर लेखिका हैं। अनुसंधान, शिक्षा, प्रशिक्षण, प्रशासन और संचालन के 17 वर्षों के अनुभव के साथ, डॉ. शिराली आर्य ने एक मजबूत उपस्थिति स्थापित की है। इन्होंने प्रबंधन में पीएचडी किया है और वर्तमान में न्यूजीलैंड (एनजेड) में वेकाटो कॉलेज विश्वविद्यालय में वरिष्ठ शिक्षिका के रूप में कार्यरत हैं।)*

अनुक्रमाणिका

01- शिवरात्रि - शिव वंदना

महादेव, देवों के देव
आज करें हम तेरा ध्यान
शिवरात्रि का शुभदिन है,
शंभू दे सबको वरदान

भूतों की बारात सजी थी
ढोल मृदंग की अनुपम ध्वनि थी
आज उमा की वरमाला को,
प्राप्त हुआ अद्भुत सम्मान

अंतहीन अतिविकट व्यथा है
जगमाया में मन उलझा है
हे देवाधिदेव सर्वेश्वर,
आप करें जग का कल्याण

मन में जिसके आप विराजें
उसका चहुदिस डंका बाजे
भष्मविभूषित रूप निराला,
जड़मति मैं क्या करूं बखान

भस्मतिलक माथे पर साजे
अहिमाला मनमोहक लागे
हे नागेश्वर, हे सोमेश्वर
मैं गाऊँ तेरे गुणगान

कर त्रिशूल डमरू नित सोहे
जटामध्य गंगा मन मोहे
तीनों लोक की तारणहारी
गंगा के उद्गम स्थान

भूत पिसाच की संगत भावे
विषधर सबके कष्ट नसावें
हे त्रिनेत्र हे भूतनाथ शिव
विष पीकर तुम हुए महान

उमापति कर दो उपकार
अर्पित चरणों में अश्रुधार
मुक्त करो पापों से मुझको
विनती है कर दो उद्धार

ॐ नमः शिवाय! ॐ नमः शिवाय!
ॐ नमः शिवाय! ॐ नमः शिवाय!

02- नव निर्माण

नव निर्माण इस चेतन जगत का
दायत्व है मेरा
राहें हों सुगम, सुदृढ़ समाज हो
दायत्व है मेरा
उम्मीद की किरणों से बदल दूं
सोई हुई तकदीर
पावन हृदय को कर प्रबल अब
तोड़ दूं जंजीर

अनुचित न हो कुछ, हो उचित सब
शौर्य हो इतना
धारणाएं हों व्यवस्थित और हृदय में
धैर्य हो इतना
अच्छे - बुरे का भेद सबको हो पता
कुछ यूं करें
गति का सही अनुमान हो कि मंजिलें
तय यूं करें

मैं नए पथ की पथिक हूँ छवि मेरी
धूमिल न हो
अंधकार समूल नष्ट हो रोशनी अब
कम न हो

संवेदना की नाव पर होकर सवार
मैं चल पड़ी हूं
ढूंढने जीवन का सार अपार अब
मैं चल पड़ी हूं

मिट न जाए मन के भीतर का अंधेरा
जब तलक
सृष्टि का आकार न हो साकार संभव
तब तलक
खोल बंधन अंतःकरण के सुदीप्त हो
मैं जल पड़ी
सृष्टि में थी सम्मलित होकर प्रदिप्त
निकल पड़ी।

03- तृष्णा

तृष्णा का कोई अंत ही नहीं
इससे बचा कोई संत भी नहीं
किसी ने चाहत की खुले आसमान की
किसी ने शोहरत, दौलत, मुकाम की
कोई ढूंढे रब को हर काया में
कोई बस समय गंवाएं माया में

तृष्णा छोड़ना काम कोई आसान नहीं
जाम है ऐसा, बचा कोई इंसान नहीं
बूंद हो या कोई समंदर, प्यास कहां बुझती है
प्यास के सिवा बात कहां कोई सूझती है

वैसे किताबें भरी पड़ी हैं कई फलसफों से
जिससे पीछा छूटे जलती तृष्णाओं से
इनका भी है एक आचरण, एक दस्तूर
गर जीवित ईमान हो, कोई नहीं कुसूर

तृष्णा चाहे रब की ही हो बदतर है
कपटरहित जिज्ञासू मन ही सुंदर है

04- पंडित हूँ, पर खंडित हूँ! (भाग-1)

बहुत याद आती हो मुझको
ऐ वादिये कश्मीर की फ़िज़ाओं
न जाने क्यों पूछना चाहती हूँ आज
जैसी तब थी तुम, क्या वैसी अब भी हो?
ज़रा यह भी बताओ ऐ फ़िज़ाओं
क्या बिन मेरे तुम वाकई खुश हो?

वह खूनी मंज़र याद आता है
जब तुमसे जुदा होना पड़ा था मुझे
आलम बदल गया था पल भर में
क्या उसका एहसास है तुम्हें?
मैं जिस्म से पत्थर हो गई थी
न जाने किस दुनिया में खो गई थी

बरस रही थी गोलियां, निकल रही थी रैलियां
झूम रहा था खूब वह, शातिर अपनी फतह पर
लाशें बिछाई थी उसने हर सड़क हर नुक्कड़ पर
बेपर्दा अस्मत तैर रही थी झेलम की सतह पर
पर सुन! मैंने अस्मत चुन ली थी उसने नफरत
मैंने चुन लिया था देश, उसने बारूद व् दौलत

थी मैं भी एक तितली उस बगिया की
उन लाखों में उन हज़ारों में
था क्या कसूर मेरा जो बिक गया
सब कुछ उन खूनी बाज़ारों में
चूर - चूर हो गए थे सारे सपने
दुश्मन निकले वे, जो लगते थे अपने

हो गए थे अब वतन से बेवतन
अनजाने रास्ते पर निकल पड़े थे
न था कोई ठौर न ही ठिकाना
मुश्किल था कातिलों से जान बचाना
जैसे - तैसे जान बचाकर भागे थे हम
खुली आँखों से कितनी रातें जागे थे हम

थे बेज़ार, बेसहारे, अनजान राहें और बेघर
जाएं तो जाएं किधर, भटकते रहे दरबदर
बना बिछौना मैदान में कंकर पत्थरों का
चादर ओढ़ लेते थे डर और अंधेरों का
वह घर, वह आँगन याद आता था हरदम
दिल था बोझिल, पथराई आंखें, थके हुए कदम

कितने साल महीने यूं गुज़र गए
यह खाली मन अपना ढोते हुए
कितने मंज़र हैं गुज़रे आँखों से
गुज़र गए पल हज़ारों रोते हुए

7

आँखें मेरी अब कुछ धुंधला गई हैं
यादों की कलियां भी कुम्हला गई हैं

तेरे झरने अब भी कल-कल करते होंगे
ठंडी फ़िज़ाएं बदन को सहलाती होंगी
वह रंग बिरंगे फूलों से भरे तेरे दामन
फ़िज़ा में चमक रुत बसंती बरसाती होगी
था कितना सुहाना वह सारा मंज़र
याद जब आता है, दिल हो जाता है बंजर

दूध से भी सफ़ेद वह सारा आलम
गुदगुदे बर्फ की चादरों का बिछौना,
ठंडी हवाओं का बदन को कुरेदना
छतों पर बर्फ का जमना और पिघलना
जादुई तिलिस्म जैसी यादें जीती हूं
अब बस खून के आंसूं मैं पीती हूं

खींच लेती थी वो सफ़ेद चादर अपनी ओर
झट से मेरा दरवाज़े से वह बाहर जाना
उन ठंडी हवाओं संग कंपकपाना
हाथों को रगड़ना और चेहरे को मलना
तुम बताओ मैं कैसे भूल सकती हूँ
याद आते ही पूरी सिद्दत से कलपती हूँ

बचपन की पार करते ही दहलीज़ मैं इठलाई थी
न जाने कहाँ से नफरत की वह आंधी चली आई थी
बचाए जान कि अस्मत ऐसी थी अफरा-तफरी
हर दीवार मेरे अस्तित्व की थी हिल पड़ी
कातिलाना चाल शातिरों ने क्यों चला होगा
मेरा विलाप मेरी चीखें क्या उसने नहीं सुना होगा?

हमारा अस्तित्व हिमालय में दफ़न हो गया
सफ़ेद बर्फ़ ही कितनों का कफ़न हो गया
जिंदा बचे तो दूर-दूर तक ज़िन्दगी नहीं थी
कोई खुदा नहीं था, कोई बंदगी नहीं थी
वैसे तो मैं आज भी एक कश्मीरी पंडित हूँ,
लेकिन कहना पड़ता है मैं पंडित हूँ पर खंडित हूँ

05- अनिद्रा से जब जाग उठी!

जब नींद हो जाती है नीलाम
मच जाता है अनिंद्रा का कोहराम
मस्तिष्क में चीखता चिल्लाता
काले बवंडरों का डेरा
मखमली बिस्तर में भी धीमे-धीमे
एहसास चुभते कांटों का
धुआं धुआं सा, जला-जला सा
क्यों लगता है यह सारा जहां?

भीतर सैलाब, विचलित मन
होश गुम, बेसुध तन
सहमी-सुलगी सी मन की तड़प
अपने ही खयालों से खुद की झड़प
गर्म लावे सी तपन अंदर
परतें हर्षोल्लास की चेहरे पर
बाजार इस प्रचण्ड जीवन का
क्यों आपा-धापी से है भरा हुआ?

कभी ईर्ष्या, कभी लालसा
कभी बेचैनी, कभी ज्वाला
कभी अज्ञानता, कभी घृणा
कभी खामोशी, तो कभी तृष्णा
अंतर्द्वंद्व की प्रचण्ड पुकार

कौन सुने अंदर की हाहाकार
जीवनरूपी समुद्र में कौन जाने
किसकी है नैय्या किसका है पतवार?

ब्रह्माण्ड को भी ललकारते
अपनी ही चाल से चलते हुए
सृष्टि के नियम नकारते
मस्तिष्कों के झुंड हैं भरे पड़े
न जाने किस जतन में फंसे
खुद ही खुद के प्रतिद्वंदी बने
सच्चाई की है धूमिल परतें
ज्ञान बदल रहा सौ सौ शकलें

मन कुछ घबराया सा
शीशे के सामने खड़ा हुआ
भीतर कुछ लगा खोजने
कोई अदृश्य शक्ति लगी बोलने
क्या सोच रहे हो,
क्या खोज रहे हो?
क्यों ऐसे विचलित खड़े हो,
क्यों तुम छोटे और बड़े हो?

मन तेरा क्यों है डरा-डरा?
अपने अस्तित्व से मिल जरा
वार्तालाप का ढूंढ विकल्प नया
सच्चाई का कर खुलकर सामना

धूल मिट्टी आंखों से हटा
छोड़ इधर-उधर का भटकना
खुद पर रख पूरा भरोसा
खोज ले शान्ति का रास्ता

तेरी नैया का खिवैया
तेरे भीतर ही होगा!
संतुलित रख विचारों को
बांध ले चरित्र की डोर को
घटिया घटनाओं से दुखी न हो
बुद्धि की धार को तेज़ करो
अपनी इंद्रियों पर संयम रखो
अविश्वास को दूर भगाओ
फिर उठा लो साहस का घड़ा
विफलताओं से मत घबराओ!

मैं भौचक्की सी रह गई
सिर खुजलाते सोचने लगी
खुद को अब तक क्यों नहीं पहचाना
स्वनिर्णय के ज़ख्म से क्यों रही बेगाना
क्यों दोष बाहर मैं ढूंढती रही
अपने अस्तित्व को न समझ पाई
मेरे अंदर ही है सफलता की कुंजी
मेरा मन ही है मेरी प्रेरणा, मेरी पूंजी

संकल्प आज मैंने लिया
जीवन को संवारने का
दायित्व नहीं है औरों का
दायित्व है खुद को संभालने का
अनिंद्रा से गर है दामन छुड़ाना
ईर्ष्या से है दूरी बनाना
अपनी विषमताओं को है समझना
मन मस्तिष्क को है वश में करना!

06- पहल तो करो

बेहतर को इतना ही खोजें
कि खो न दे बेहतरीन को हम
आंखें खोलकर मन को टटोलो
चंद पलों का है ये जीवन

अरे आसूं पोंछो खुशियां बांटो
जिंदगी के पल अब बचे हैं कम
कुछ उनकी सुनो कुछ अपनी कहो
"मैं" से चलो अब हो जाएँ "हम"

"हम" की माला है मोती जैसी
सजे धागे में यदि सही हो क्रम
पहल तो करो डर किस बात की
एक हो जाएं, त्याग दें भ्रम

07- अंधकार – अकेलापन

अकेलापन! अंधकार ही अंधकार
विचारों का क्रम गोलाकार
भीतर कोलाहल और विकार
अंतर्मन में हाहाकार, चीत्कार

यादों का घूमता बवंडर
अस्थिर, अस्पष्ट मन मंदिर
अज्ञात भय अंदर ही अंदर
जैसे चिर-परिचित तूफ़ानी समंदर

रेशमकीट कोकून का जाल
चारों तरफ बुना मायाजाल
अंधेरे में सिसकती आत्माएं
अनभिज्ञ, अनजान सारे सवाल

सत्य-असत्य, दुविधा, भ्रम
हतोत्साहित सारे परिश्रम
प्रकाश की एक तार भी नहीं
चारों तरफ फैला भयंकर तम

उन्नति हेतु आवश्यक है लक्ष्य
सटीक दृष्टिकोण, श्रेष्ठ ज्ञानस्रोत
निरंतर प्रयत्न और विशिष्ट संगत
यही है जीवन की दिव्यज्योति प्रखर

08- मैं जीना चाहती हूं

यह देह, यह काया, यह आत्मा
समुद्ररूपी दुनिया में एक रहस्य की भांति
जैसे एक सीप के अंदर मोती,
तूफानी लहरों से जूझते हुए,
हर सफर कभी जटिलता की पराकाष्ठा,
कभी पीछे धकेलते हुए
तो कभी आगे बढ़ने के लिए प्रेरित करते हुए,
कभी विस्मित करते हुए, तो कभी तितर-बितर
हमें अनगिनत भावनाएं घेर लेती हैं
ऐसी परिस्थितियों में अस्तित्व डगमगाता तो है
पर कभी ज्ञान तो कभी हिम्मत देकर
हमें मंजिल तक पहुंचाता भी है।

मैं भी इस विशाल सागर में हिचकोले खा रही हूं,
अपनी नैया की पतवार को संभाले
उस भविष्य की तरफ उन्मुख हूं
जो मेरी कल्पनाओं में है और परे भी,
वह मेरा आने वाला कल
जिसकी में सूत्रधार कहलाऊंगी,
उसकी सशक्त नींव की तामीर भी
मेरा ही दायित्व है।

मैं सीप में फंसी मोती हूं
और मुझे लहरों संग बहना है,
अपनी प्रवृति को निर्मल रखकर
यह प्रचंड कवच उतार देना है
खुद को माला में पिरोना है,
न थकना, न हारना, बस बहते रहना है;
आखरी मंजिल को पाना है
क्योंकि जीवन का उद्देश्य आगे बढ़ना है
जैसे समय का चक्र
अपनी धूरी पर अटल है,
बिना रुके, बिना लय बदले।

जीवन चक्र खुले आकाश की तरह है
जो पूरे दिन अपना रंग बदलता रहता है;
सूर्योदय का सुर्ख गुलाबी रंग,
आंखें चौंधियाने वाली दोपहर की तपन,
नारंगी सूर्यास्त व रात की काली चादर
हर रूप सुंदर व शालीन!
आश्चर्यचकित कर देती है जीवन का हर रूप
हमारे कर्मों के प्रायश्चित का सौभाग्य भी,
हमें अनुपम आनंद से जोड़ता है
मैं उस आनंद को जीना चाहती हूं,

अपनी कल्पनाओं की अभिव्यक्ति हेतु

इस जन्म का एक अखंड भाग,

दृढ़ निश्चय से खोना चाहती हूं

मैं जीना चाहती हूं.....

09- एक जिज्ञासु भावना

जीवन,
एक अज्ञात रहस्य,
अनवरत अपनी ज्वाला से
भस्म करता है हमें,
हर जीव को हतप्रभ
जीने के लिए
प्रोत्साहित करता है
आश्चर्य यह
कि हम क्यों जी रहे हैं?
जीवन मृत्यु के फासलों में
जीर्ण दामन सी रहे हैं

ऐसी ही कल्पित कल्पनाओं में
प्रश्नों के उत्तर खोजने,
रात को दिन और दिन को
रातों में बदलते हुए
निरख रहे हैं,
न जाने हम किन अजनबी
राहों में भटक रहे हैं

इसके विपरीत
एक जिज्ञासु भावना

हमारे अंतर्मन में
कुरुक्षेत्र का रूप लेकर,
भीतर ही भीतर
ज्वाला सी दहक रही है
फूलों सी महक रही है

खून बहता रहता है
दिल हंसता रहता है
शब्द अभिव्यक्ति से बचते हैं
जीवन के ज्यादातर पन्ने
खाली थे खाली रहते हैं
बदलाव के इंतजार में
विचार गोलाकार में,
मन के भीषण कोहराम में
चलते-फिरते रहते हैं

शब्द और अभिव्यक्ति से परे
चेहरों और भावों के बीच,
दर्द और राहत के एवं
गुप्त और प्रकट के बीच,
खोने और पाने के संघर्षों में,
कमज़ोर और सशक्त कड़ियों में,
जिस पल हम समर्पण करते हैं,
हम खुद को
क्षितिज के उस पार पाते हैं

जहां हमें जीवन को
उलझाने वाले सवालों का
हर जवाब मिल जाता है
यही तो आध्यात्म कहलाता है

10- आत्मसाक्षात्कार

मेरे अस्तित्व के आंगन में
आवेग से आती हवाएं
अपने अद्भुत स्पर्श मात्र से,
बेजार पड़े दिल में,
उन गुज़रे पलों के जनून को
उजागर कर देती हैं,
जहां टूटे वादे, नाइंसाफ़ी,
व पागलपन की तेज लपटों ने,
आत्मा को झुलसाया था;
अंदर के शांत स्वभाव में
एक खलबली सी मचती है
और हमें सोंचने पर मजबूर करती है

कुछ संभावनाएं जो कठिन तो हैं
पर यथार्थ में जीवन का स्वरूप हैं
हमारा मूक हृदय
धीरे से समर्पण करते हुए
उन संभावनाओं को
आमंत्रित करता है
जिसका परिणाम अनिश्चित है
पर एक अज्ञात दुनिया में
कदम रखना है
और खोजना है अपना असली व्यक्तित्व

सांसों में सन्नाटा,
कुछ कोमल लयबद्ध एहसास,
आत्मा को छू लेते हैं,
हवा में हौले से फुसफुसाते हुए,
भविष्य के अनदेखे पलों को
हम महसूस करते हैं,
हम उस धागे से जुड़ जाते हैं
जो आत्मा और सृष्टि को
रूपांकित करने वाला है
सदा ही विद्यमान है
और हम उस दिव्यालोक के
दिव्यजोतिमालिकाओं में
प्रज्वलित हो उठते हैं

11- एकांत

अंधेरी रात का एकांत,
चांदी की चादर में लिपटी धरती,
बहते हुए झरने का किनारा,
कल-कल करते पानी का
संगीतमय वातावरण

एक टूटा दिल विलाप करता हुआ,
अपने अंदर उभरते उफानों को
शांत करने का प्रयास करता है,
पैरों में ठंडे बहते पानी का
स्पर्श महसूस करता है;
वह स्पर्श मानो मां के ममतामई हाथ
हौले-हौले घायल मन को सहला रहे हों

तन, घासों के मखमली बिछौने पर,
खुद को भूल चुका है
आंखें खुले आसमान में
झिलमिलाते तारों को निहारते हुए,
अपने विचारों के अंतर्द्वंद्व में,
गहरे आत्मचिंतन से
आत्मा बोझिल होती जाती है,

और मुक्त जीवन की आशाएं
जागृत सी हो जाती हैं

आज खिन्नता का दामन छोड़कर
अपने आंतरिक दुनिया में
खो जाने को जी चाहता है,
एकांत में उपजे भावों को समेट लूं,
कलम को अपनी संगिनी बनाकर,
एक नए संसार में दो पल जी लूं
वह संसार जो ईंट बाटे की
चकाचौंध से हटकर
विचारों को मान देता है

अचानक आंखों से बहता पानी
सूख जाता है,
हृदय की गहराई में अंकुर फूटते हैं,
गुज़रती रात एक नए सवेरे का
पैगाम देती है;
एक नई शख़्सियत उभर आती है,
साहस व जोश से भरी

एकांत कितना शीतल है, कितना सुखद!
आत्मसाक्षात्कार का सबल माध्यम

हमारे मन मस्तिष्क में उभरते सवालों का
हमारे ही अंतर्मन से उत्तर ढूंढने वाला
एकांत हमारे मन का दर्पण है,
हमें रूबरू करता है
हमारी छुपी हुई क्षमताओं से

12- वह एक पल

गर्मियों की एक सुबह
आसमान में हल्के भूरे,
काले रंगों के पीछे
सोने के तारों के जैसी
उगते सूरज की ठंडी लौ,
नई नवेली दुल्हन जैसी,
घूंघट की ओट में छुपती
छुई-मुई सी शर्माती सी
भोली-भाली मनमोहक
हवा के पंखों पर सवार
धरती के आंचल से उड़कर
मेरी आत्मा में समा गई
मेरे अस्तित्व पर छा गई

एक स्वांस, उदासीनता से परे
शांत व शक्ति से परिपूर्ण,
कोमलमन के गलियारों में
मुझसे धीरे से कहती है
अपने सीमित विचारों को,
मुझमें समर्पित कर दे
जीवन के अनमोल क्षण
जी ले अब जी भरकर

मैं तेरी प्रेरणा हूं सखी
खुद को मुझे अर्पित कर दे

अतीत का वह पल
ठहर सा गया है दिल में
जहां सफर था कठिन
बेसहारे आगे बढ़ना था;
जब निद्रा की देवी
आंखों पर सवार होती है
उस लुटी हुई बगिया की
अनुभूति नागवार होती है
जिसको मैंने सींचा, रक्तरंजित,
जिस बगीचे ने मुझे जन्म दिया;
जहां आज भी फूल खिलते हैं,
भंवरे सुमधुर गीत गुनगुनाते हैं
वह एक पल सिर्फ मेरा था
जिसे मैं पीछे छोड़ आई हूँ
अदृश्य शक्तियों की जननी हूँ
कोरे कागज़ की रोशनाई हूँ

13- टेढ़े-मेढ़े रास्ते

जीवन के हर सफर में
एक दौड़ है, एक इंतजार है
दिल के कोने में दुबककर बैठे
अनजाने डर से मन बेजार है
दिल की धड़कनों में इतनी घबराहट क्यों?
खुद से सवाल करते हैं
"यह डर क्यों, यह कपकपाहट क्यों?"

तभी दिमाग की गहरी सतह में
उस साहस की खोज शुरू होती है
जो हमारा पथप्रदर्शक होता है
फिर रुके हुए कदम चल पड़ते हैं
इरादा मजबूत और नेक होता है
हम पहुंचते हैं मंजिल की प्रथम सीढ़ी पर
जहां हमारे इंतजार का समय समाप्त,
और जिंदगी के सफ़र की शुरुआत होती है
हमारे भविष्य की यात्रा
पीड़ादायक ही सही
रोमांचक और बेमिसाल होती है

उस लम्हा मुखौटा उतर जाता है,
मानवता में विश्वास जगाने के लिए

तब शब्दों की ज्वाला
आत्मा में जलती है
और अनुभवों की माला
गीत में बदलती है,
जो मीठे स्वर में गुनगुनाती है
अपनी आपबीती औरों को सुनाती है
"वे जो बहादुर होते हैं
वे बिना किसी हमसफर के
हिम्मत का चोला पहनकर
एक ठोस कदम उठाते हैं
मंजिलें तकती हैं रास्ते उनके
वो हवाओं को मोड़ जाते हैं"

नए इतिहास रचने के लिए
जब कदम उठाए जाते हैं
जीवनयात्रा के पथ-प्रदर्शक
टेढ़े-मेढ़े रास्ते,
हरदम अपनाए जाते हैं

14- पहचान

झलकती झुर्रियां
प्रत्यक्ष रूप से
आत्मा व वाणी के
सौन्दर्य की प्रतीक हैं,
निर्मल, पुनर्परिभाषित,
ज्ञान की बातें,
लोरियों और कहानियों में
जीवन यात्रा के अनुभव सी
सशक्त और सटीक हैं

हवा के झोकों और
समुद्र के आक्रोश का मिश्रण सही
परंतु मेरी मार्गदर्शक हैं
तुम्हारे असीम स्नेह से भरे हाथ,
आपदाओं में धैर्य
एवं संतोष की परिचायक प्रतिमूर्ति
अथाह ममता से भरा हुआ आँचल
और तुम्हारे अनछुए जज्बात

नन्हीं कल्पनाओं को
आकार देता हुआ प्रकाशपुंज,
कभी नदी के प्रवाह सी हो

तो कभी ठहरा हुआ शांत किनारा,
भूली हुई यादों की सौगात हो,
एक पुण्य, पूजनीय आत्मा
और मेरी साहस तथा उत्साह हो,

सब कुछ खोने पर भी
स्वर्ग जैसा अनुभव होता है,
तुम्हारे स्मरण मात्र से
समस्त इच्छाओं से परे,
तुम! मेरी पहचान हो
बुजुर्ग कभी नहीं मरते हैं
युवाओं के जिस्म में,
संस्कार बनकर
हमेशा जीवित रहते हैं

15- एक विस्मित अनुभूति

भोर का अंधेरा
एक विस्मित अनुभूति
जब धरती मां,
काली चादर में सिमटी है
और टिमटिमाता ध्रुवतारा
जम्हानियाँ लेता हुआ सा
खुले आसमान में
अडिग साक्ष्य सा प्रतीत होता है

धुंध को चीरती प्रभा की गोंद में
नश्वरता का आभास होता है
और चमकती रोशनी का तार
मेरे अंतर्मन को छू लेता है
वहीं ढलता सूरज
मेरे जीवन की ढलती साम सा है

मन की तरंगें विभोर होकर
ढलते सूरज से कह देती हैं
मैं वापिस आऊंगी,
मैं पंचभूत हूं...
एक नवविकसित तारा बनकर
आत्मा के अभिभावक से

आत्मसात होना है मुझे
मैं जीवन और मृत्यु से परे हूं
मृत्योपरांत भी जीना है मुझे

16- पंडित हूँ पर खंडित हूँ (भाग - २)

न पूछ बिछड़कर तुझसे क्या क्या झेला है
तपिश थी गर्मी की उस पर थी खाली जेब
रिसती रही आत्मा अनजाने लोगों के बीच
गफलत में रही हरदम, था चारों ओर फरेब
पर कुछ रूहानी हमसफ़र भी मिले
अपनेपन से जिन्होंने मेरे घाव सिले

संस्कारों ने हमसे कभी भीख मंगवाई नहीं
काम हर तरह के, जो भी मिले करते रहे
खुद से खुद की लड़ाई लड़ी और लड़ते रहे
कच्चे पक्के धागों से ज़िंदगी कि चादर सीते रहे
जिसने ज़िंदा रखा था वह एक अमिट आस थी
बस इंतज़ार था, वतन के वापिसी की प्यास थी

साल गुज़रते गए कि "एक दिन वापिस जाउंगी "
ज़िंदा रखा खयालों ने लौटकर एक दिन आऊंगी
दिए जलाये रातों में, पसीना दिन का साथी बना
जब दो पल खाली मिले, याद किया और रो लिया
सुन! लेकिन दर्द अन्दरूनी कभी गया ही नहीं
दिन गुज़ारे, ज़िन्दगी जिया पर शायद जिया ही नहीं

तूने तालीम बख्शी थी, पैसा खूब कमाया
बच्चों को पढ़ाया, ब्याहा, अपना फ़र्ज़ निभाया
पर ए मेरी सरज़मीं, वह चीखें कभी भूली नहीं
उन मस्जिदों की गुजों ने मुझे खूब सताया
इस मुकाम पर भी सिहर उठती हूँ मैं
कहना चाहूँ भी तो किससे कहूँ मैं

गुज़र गए तीस साल, बदल गई कई हुकूमतें
भाषण मैंने खूब सुने उन दोगले नेताओं के
वतन वापसी करवाएंगे, हक हमें दिलवाएंगे
पर आज भी मेरे साथी कई, पड़े रहे वीरानों में
हमने ज़ख़्म दिखाए, उन्हें दर्द कभी दिखा नहीं
मैं पंडित हूँ इस देश का, मैं कभी बिका नहीं

अपने ही देश में विस्थापित का मिला है नाम मुझे
निभाई मैंने देश से वफ़ा पर देश ने क्या दिया है मुझे
तीन सौ सत्तर हटाकर उसने, मुँह मेरा बंद करना चाहा
अरे भाई कुर्सी का सब चक्कर है, कुर्सी पर रहना चाहा
जाति से आखिर पंडित हूँ खून बहाता मैं कैसे?
शांति का हूं प्रतीक मैं, तलवार उठाता मैं कैसे?

सात बार छीना है हमसे जो मिट्टी हमको प्यारी थी
उन सुल्तानों ने, गद्दारों ने जिनसे हमारी यारी थी
सदियों से हमने ज़ुल्म सहे काटे गए तलवारों से
धर्म तक बदले हैं जबरन तानाशाही मक्कारों ने

ज़ुल्म हम सहते रहे, और भागते-छुपते रहे
ऐ भारत की मिट्टी फिर भी कर्ज तेरा भरते रहे

क्या कोई कमी थी हममें जो खून हमारा बहता रहा
संस्कार कहीं दुश्मन तो नहीं, पंडित ये ज़ुल्म सहता रहा
हर दम जिसने किया है पालन मर्यादा का जीवन में
खड़ा रहा विपदा में सबके पर रोया तन्हां आंगन में
अपने ही देश में क्यों रिफ्यूजी आज मैं कहलाती हूँ
देश का तिरंगा औरों की ही भांति मैं भी फहराती हूँ

मैं पंडित हूँ, खंडित हूँ, मेरा दर्द तो समझे कोई
मुझे देखो ज़रा, समझो मुझे, घर से मैं बेघर हुई
मैं भी लड़ी बहादुरी से और लड़ती रही हालातों से
पर शायद पहचान खो रही हूँ अपने जज्बातों से
पर मत भूलो......
पर मत भूलो मैं कश्मीरी, कल्हण की उत्तरदाई हूँ
कश्मीर अगर कंगन है तो, मैं उसकी सूनी कलाई हूँ

मैं शांतिप्रिय हूं अधिकारों से लड़ना मैंने सीखा है
पर बगावत करना देश से, अपना नहीं तरीका है
मेरी आवाज़ सुनो ऐ देश के हुक्मरानों नेताओं
भारत माता के पुष्पहार के सुमन हैं हमको अपनाओ
मेरी पुरखों की मिट्टी हैं मेरा अधिकार दिला दो तुम
कर्तव्य तुम्हारा है कश्मिरी की गरिमा लौटा दो तुम।

17- दायित्व

चली हैं आंधियाँ चमक धमक की
बचाएं कैसे जलते दियों को
गर्द-ओ-गुबार घर में घुसा हो
तो सींचे कैसे नवनिहालों को

फैला है वासना से प्रेरित दुष्कर्म
मान सम्मान कहीं खो सा गया है
चल पड़ा है दुराचरण का आचरण
पनपती आपदाओं का जमावड़ा है

फंस चुके हैं नई लालसाओं में
स्वार्थ सपनों में भी विद्यमान है
भूल चुके हैं पूर्वजों की नैतिकता
चारों ओर रोता हुआ वर्तमान है

बदल गई हैं प्राथमिकताएं
आजकल के परिजनों की
सोशल मीडिया का कमाल है
इज्जत न रही अब पूर्वजों की

लाइक, कॉमेंट्स के चक्कर में
न जाने क्या ढूंढ रही है जिंदगी
खोखली खुशियों का मुखौटा है
और कुछ उन्माद कुछ दीवानगी

नई संस्कृति है, बिगड़े विचार
अपने बच्चों को बचाएं कैसे
विचारों में मतभेद बढ़ गया इतना
इन कुरीतियों को हटाएं कैसे

होड़ लगी है दिखावट की हरसू
फंसे हैं अपने ही बुने जालों में
क्या संस्कृति सवाल पूछे इनसे
कैद सारे हैं संकीर्णता के तालों में

सृष्टि इशारों में समझाती है हमें
समझता क्यों नहीं तूफानों को
ए मानव! अब तो मानव बन जा
न उजाड़ पनपते हुए उद्यानों को

दायित्व तुम्हारा है इस पीढ़ी पर
जिसे संसार में तुम लाए हो
अपनी संस्कृति और संस्कारों के
तुम्हीं माध्यम हो, तुम्हीं साए हो

आधुनिकता कोई अपराध नहीं
पर बुरी लत भी समाधान नहीं
धरोहर अपनी अगर बचानी है
तो बनना अब हमें नादान नहीं

इस पीढ़ी के मार्ग दर्शन का
अब एक मात्र यहीं विकल्प है
शुरुआत खुद से करनी होगी
खुद ही लेना हमें संकल्प है

इस पीढ़ी को संवारना है तो
पहले खुद को संवारना होगा
उनकी आदत अगर बदलनी है
तो पहले खुद को निखारना होगा

संजोनी होगी अपनी संस्कृति को
इसके बीजों को रोपना होगा
वृक्ष जो चाहिए सदाचारी,
सुसंस्कारों से सींचना होगा।

18- उसका मेरा साथ

वह बरगद का पेड़ ....
अपने ही बोझ तले दबा हुआ
हरे पत्तों की पोशाक से सजा हुआ
राहगीरों को निःशुल्क छांव देता है
भविष्य की प्रजा है, भूतपूर्व नेता है
कितनी कूटनीतियों का जीवित गवाह
प्रेमकहानियों के इब्तिदा की राह
न जाने कब से नुक्कड़ पर खड़ा है
सड़क के अंतिम छोर के वृक्षों में बड़ा है

अक्सर मैं उस रास्ते से गुज़रती रही
उसके दामन में दिन-ब-दिन संवरती रही
बिन थके, बिन हारे मौसम के मार झेलता है
बिना आवाज ये बच्चों के साथ खेलता है
कितने मौसम हमने साथ-साथ देखा है
कितने लोगों के कर्मों का लेखा-जोखा है
उसके पत्तों ने मेरे बदन को सहलाया है
कई दफा हरे जख्मों को रास आया है

उसका - मेरा साथ बहुत पुराना है
मन के करीब है, गहरा है, दोस्ताना है
कई बार सोंचा कि काश! कहीं ऐसा हो,

मैं रुक जाऊं और वह चले तो कैसा हो
आज मैंने यूं ही बोल दिया कुछ करते हैं
चलो दोस्त अपने रास्ते बदलते हैं
तुम चलो, मैं रुक जाती हूं तुम्हारे लिए
तुमने बहुत जिया सदियों से हमारे लिए

वह कुछ पल खामोश रहा फिर बोला
अपने शब्दों का पिटारा चुपचाप खोला
बोल उठा सखे! कर्म अपना-अपना है
हमारा हकीकत, एक-दूसरे का सपना है
पर मेरा अस्तित्व केवल ठहरने में है
जैसे तुम्हारा बिना रुके चलने में है
जिस दिन मैं चलने का ख्वाब पालूंगा
तेज आरी से अपने अंग कुतर डालूंगा

तुम भी जीवन में रुकने का नाम मत लेना
उगता सूरज बनो, ढलने का नाम मत लेना
हम अपना कर्तव्य यूं ही निभाते रहेंगे
एक दूसरे की सेवा में चोट खाते रहेंगे
जब-जब तुम मेरे जख्मों पे हांथ फेरोगी
मेरे मजबूत बाहों में खुद को देखोगी
जिस घड़ी हाथ में हथियार लेकर आओगी
मेरे पश्चात सखे, खुद भी बिखर जाओगी

19- मैं मात्र एक भीगन नहीं

मैं मात्र एक भीगन नहीं
बरखा की मात्र फुहार नहीं
नीर हूं मैं नीरद का अंश
बहती मुझसे विषधार नहीं

संयोग वियोग का प्रतीक हूँ
मैं हर दुविधा की सीख हूं
सदानीरा में परिवर्तित हूं
मैं सर्वस्वरूप समर्पित हूँ

मेरी यात्रा है अनंत कोस
नाना प्रकार से बहती हूँ
औरों को सुख देने खातिर
दर दर की ठोकर सहती हूं

हूं तीव्र आंधियों के जैसी
चुभ जाती हूं मैं सूलों सी
मैं कल-कल करती मीठी ध्वनि
है मादकता भी फूलों सी

पर्वतों में गूंजती रहती हूं
तराईयों की हाहाकार हूं मैं

मैदानों की सिसकी सी हूं
मादकता भरी उफान हूं मैं

गति को भी मात देती हूं मैं
ठहराव की मुझमें कमीं नहीं
पीड़ा भी है मुझमें असीम
मेरा कोई अपना जमीं नहीं

खुद मिट जाने को तत्पर हूं
सागर की फैली बाहों में
संचित कर्मों से गर्वित हूं
सीखा है मैंने राहों में

इन सबसे ऊपर उठकर
आगाज़-ओ-अंजाम हूं मैं
जीवन की जननी भी हूं
और अंत समय विश्राम हूं मैं।

20- स्त्री-सहज भी, कठोर भी

सरल-सुगम-सहज-सहल
सीमित है और विस्तृत भी
निस्वार्थ-निश्चल धरा जैसी
हर दशा में रहती पुलकित सी

निरपक्षता भरी भावों में
अप्रतिम सेवा धर्म न्यारा
त्याग समर्पण की मूरत
है वह निरंतर बहती धारा

ममतामयी अंतरात्मा उसकी
अमृत बूँदें बरसाती सर्वदा
कठोर शैली में भी रहती
कमलपुष्पवत निर्मल सदा

असंख्य कष्टों को छुपाना
उसकी अद्भुत है कला
योद्धा बन प्रतिकार करती
बाला जब बनती बला

गृहस्थ, समाज, रिश्ते निभाती
सर्वस्व अपना न्योछावर करती
निस्सहाय मत समझो उसको
समझकर यह, एक मात्र स्त्री

प्यार, सत्कार, आदर, सम्मान
है उसका सर्वाधिकार
सृष्टि की है अद्भुत मूरत
मत करना तुम तिरस्कार

ललकार न इसकी सत्ता को
काली की खड़ग विशाल है ये
जिसका परिचय हर युग देता
लघु दिया न समझ मशाल है ये

21- मेरी गति-मेरा विश्वास

मंथन कर रही हूँ मैं
कि हारी या थकी हूँ मैं
बेबस हूँ या निराश हूँ
फलहीन हूं या विकास हूं
घुट घुटकर मिटने वाली हूं
या खुलकर उड़ने वाली हूं
अश्कों से बनी लिबास में हूं
या खोए परों की तलाश में हूँ

नए रास्ते दिखते है पर
नजरों से इतने क्यों दूर हैं
हम ठहर तो जाते हैं लेकिन
चलने को भी मजबूर हैं
ज़ालिम है भीतर की कशमकश
क्यों खाली पड़ी मेरी तरकश?
क्या मैं ही अंतिम तीर हूं
मैं अबला हूं या वीर हूं

गहरे चिंतन में जाग उठी
मैं थकी नहीं, न हारी हूँ
न बेबस और लाचार हूँ मैं
मैं नए युगों की नारी हूं

बस वक़्त तेज़ था गुज़र गया
मैं व्यस्त रही वह निकल गया
मैं बर्फ बनकर जमी रही
वह पानी बनकर फिसल गया

ये कायनात एक आस है
गति ही मेंरा विश्वास है
हमसफर बदलते राहों में
दम है बस मेरी बांहों में
मन मुझको थपकी दे देकर
कहता था कुछ तो सीख जरा
वहम की धूल उड़ा अर्जित कर
छोटी छोटी जीत जरा.......

22- नारी हैं नारायणी

प्रथम नमन माँ शक्ती को है
गाथा अपार जिनके रूपों की
सर्वशक्तिशाली है जगदम्बा
अभिमान ऋषी मुनि देवों की

तारा, सीता और मन्दोदरी
साध्वी अहल्या व द्रौपदी
महिमा जिनकी अति शोभनीय
हैं नारियाँ युग पूजनीय

दुर्गावती, नुचियार, लक्ष्मीबाई
उदादेवी, झलकारी, तारा बाई
है चंद नाम यह जिन्होंने
अंग्रेजों की थी नींद उड़ाई

इंद्रा नूगी, इरोमा शर्मिला
अरुंधती, और भी कई
गौरव की हैं प्रतीक चिन्ह
जो नवयुग की पहचान बनी

हर युग में नारी रही देश की
अति साहसी व पराक्रमी
हर क्षेत्र में प्रतिभा साबित की
कभी कहीं न पीठ दिखाई

हर अड़चन अपनी साहस से
समूल उखाड़ती है नारी
सर्वस्व लुटाए तन मन से
हर रिश्ते में है यह प्यारी

बिन नारी के असंभव है
इस सृष्टि का संपादन
इसका हक हथियाने वालों
कर लेते कुछ आत्ममंथन

समंदर जैसा जिसका अस्तित्व
उसे धूल न तुम बनाओ
न समझो उसे नादान व बोझ
उसकी आत्मा को तुम पहचानो.

नारी है सर्वरूपी नारायणी
नर की है यह जन्मदात्री
दूध पिलाये, खून से सींचे
युग युग से है सिद्धिदात्री

23- कलयुग की यह माया है क्या?

बुजुर्गों से बहुत सुना था
कि ममता कभी बंटी नहीं है
कलयुग की यह माया है क्या
ममता ही दीवार बनी है

माताएं जोड़ती थी कड़ियां
समेटती थी सबको बांहों में
"divide & rule" की प्रथा है
बहुत चुभन है इन कांटों में

सुनते आए, कोई नहीं है मां जैसी
कैसे बयां करूं मेरी व्यथा है कैसी
टूट रहे हैं घर दोधारी तलवारों से
घबराहट होती है ऐसे व्यवहारों से

थोड़ा गौर किया तो इतना पता चला
भ्रष्ट हो चुकी माताओं की है धृष्टता
इसकी उसको, उसको इसकी करने की
हासिल है इनको अनोखी विशेषता

जब जननी ही धारे रूप कुरूप
नई पीढियां क्या सीखेंगी, अपनायेंगी
ज़ार ज़ार दिल रूदन करता आज मेरा
नई संस्कृति हमें कहां तक ले जायेगी

मिलजुलकर रहने से लगता था जैसे
परेशानियां और मुश्किलें कम होंगी
जब बुनियाद ही डगमग हो, रब जानें
दीवारों की आगे क्या हालत होगी।

24- सम्मोहित जनता

इस देश का जवान उभरता लहू
सड़कों पर उबल रहा, या बह रहा है
कुटिल है राजनीति की परंपरा
न जाने किस राह पर देश चल रहा है

राजनीति खुद लड़ती नहीं
लड़वाती है मासूम हाथों को
लज्जा परतों में छुप गई है
तौलती है, अर्थहीन बातों को

लड़वाते हैं समुदायों को
कोशिकाओं में विष भर देते हैं
सत्य रो रहा है पग पग पर
आंखों में कीचड़ भर देते हैं

विष भरे भाषण, सम्मोहित जनता
सफेद टोपी अड़ी पड़ी है
कित्त जाए यह व्याकुल जनता
जान गले में अटकी हुई है

ज़िम्मेदारी और मंहगाई ने
चैन मानव का छीना है
लालसा के विषैले आडंबर में
धूमिल हुआ पसीना है

नारेबाज़ी, पत्थरबाज़ी
देश का नया आचरण है
गतिविधियाँ समझ से बाहर हैं
नारों और परचम का रण है

काश चले ऐसी हवाएं
उड़ा दे नफरत की घटाएं
मिटे अंतर्मन की व्याकुलता
कटे ख्वाबों की निरवता

धर्म, भाषा न आड़े आये
देश हित सबका सपना हो
आज़ादी बड़ी महंगी थी
तिरंगा का हर रंग अपना हो

25- जन्म मरण

पंच तत्व की इस देह पर
क्यों है इतना इतराना
मिट्टी की बनी है यह काया
मिट्टी में है मिल जाना

अद्भुत रूप से इसे बनाया
ईश्वर रूपी शिल्पकार ने
गिनती की सांसे बक्शी हैं
परमारथ के उस कलाकार ने

आत्मा का यह अनूठा रहस्य
कहां किसी ने जाना है
पुनरावर्तन की प्रक्रिया से
कौन बचा आना-जाना है

निभाते है पात्र अपनी भूमिका
सब कुछ विधिरचित खेल है
इस रंग मंच के मालिक से
कभी जुदाई कभी मेल है

थककर जब महानिद्रा की
आगोश में हम सो जाते हैं
मृत्यु रूप कुछ अंतराल तक
मृत्युलोक में खो जाते हैं

कर्म फलों से सृजित हुए
यह चक्र है जन्मों-जन्मों का
कैसा चोला निर्मित होगा
है लेखा-जोखा कर्मों का

मनुष्य स्वयं है भाग्य निर्माता
पर भाग्यनियंता ईश्वर है
न वशीभूत हो इंद्रिय सुख में
सारी माया बस नश्वर है

जीवन मरण दृश्य जगत में
एक ही तथ्य के दो हिस्से हैं
प्रभुसत्ता है परमसत्य बस
बाकी सब झूठे किस्से हैं।

26- कैसी हो?

आज ऐसे ही
घर के काम से
बाजार निकली,
मेरी दोस्त मिली,
वह पूछ बैठी,
"कैसी हो,
क्या हाल है तेरा ?"

"मैं और मेरा हाल?"
मैं सोंच में पड़ गयी,
"कैसी हूँ मैं,
क्या हाल है मेरा ?"
कुछ पल
याद न आया
जिस पल खुद से
पूछा हो
"कैसी हो,
क्या हाल है तेरा ?"

अचानक न जाने
कौन दिल में
दस्तक दे गया,

एक अलग ही एहसास,
एक अलग ही अनुभव !

मैं ! मैं एक,
और, मेरे पहलू दो
एक सिक्के की तरह
चित भी मेरा और
पट भी मेरा;

एक पहलू "मेरा अंतर्मन"
जो मेरा है,
बहुत गहरा,
मुझे करीब से जानता है,
पहचानता है,
सदा गहरे
चिन्तन में रहता है,
मेरे किरदार का यह पहलू
एक छुपा हुआ रुस्तम है,
संवेदनशील है, सभ्य भी
भावों को न जाने
कैसे छुपाता है;
कितना आश्चर्य !
भीतर की झलक
कभी बाहर नही
झलकाता है।

मेरा दूसरा पहलू
"मेरा वाह्यरूप"
हंसती, खिलखिलाती
चलती फिरती काया
परिस्थितियों के विपरीत,
जो दिखाती हूँ
वही औरों को दिखता है,
और मेरी पहचान को
चिन्हित कर देता है।

खयालों में डूबकर
उत्तर के लिये,
शब्दावली में,
मैं बह गई,
मन मस्तिष्क
एक नाव पर सवार
समंदर में गोते खाने लगा,
और एक सवाल उभरा,
क्यों न मैं भी पूछूं
कि "तुम कैसी हो?
क्या है हाल तुम्हारा?"

तभी महसूस हुआ
तब एक नहीं,
तब होंगे दो प्राणी

विचारों की उथल पुथल में
मन के समंदर की नाव में
हिचकोले खाते,
और होगा वही शून्य
और वही सन्नाटा !

अब सोचती हूँ
कितना कठिन है पूछना
"कैसे हो, क्या हाल है?"
क्या है सच्चाई?
तुम्हीं बतलाओ
झांको अंतरमन में
कितने ही सांझ
कितने सवेरे गुज़र जायेंगे,
कोई शब्द नहीं बचेगा
शब्दावली में,
फिर भी
यदि जवाब मिले?
तो,
ज़रा मुझे भी बता देना.

27- पढ़कर वेद पुराण

पढ़ कर वेद पुराण मात्र तुम
ज्ञान भला कैसे पाओगे
जब तक नहीं त्यागोगे ईर्ष्या
अंधकार में कैसे जागोगे

यश, वैभव की भूख से
हृदयसिंधु जब सूख गए हैं
विनम्रता, विवेक विलुप्त हैं
अपने अपनों से रूठ गए हैं

लालसा का मुखौटा ही
सौन्दर्य है आज कल का
रूखा है व्यवहार इतना
चिंतन नही है कर्म फल का

खो चुकी है सोच
क्या छोड़ जाएंगे विरासत में
धूमिल हुए है संस्कार
अपने ही अहं की हिरासत में

चेहरों पर है नकली लाली
झूठ के बाजार सज रहे हैं
भरष्टाचार के नगाड़े देखो
चारों ओर ही बज रहे हैं

उठ मानव तू जाग जरा
मंथन कर तू अंतर्मन से
गया वक़्त लौटेगा नहीं
तू भाग न ऐसे जीवन से

भोर भरी हो सुख शांति से
धीरज धरे दोपहरी हो
संध्याकाल हो दयादृष्टिसम
दीपक रात सुनहरी हो।

28: खंडित हूं पर पंडित हूं

वह दर्द जो था बेघर होने का
अब दर्द नहीं नासूर बन गया
हुक्मरान तो बहुत आए-गए
कोई ज़ख्मों का मरहम न बना

क्यों हुकूमत की बेड़ियां पहनें
हमने खुद ही बनाए रास्ते अपने
मंजिलें मिल जायेंगी हमें बेशक
गर हम मिलकर सजायेंगे सपने

छोड़कर अब खोखली अकड़
कुछ करने का वक्त आया है
अरे विस्थापित तो हो ही गए
Migrant Tag भी हटाना है

विकल्प खुद ही ढूंढने हैं हमें
हम तो मां शारदे की संतानें हैं
थाम लें हांथ एक दूजे का चलो
हौसले अब बुलंद करने हैं

हम परिपक्व हैं और शिक्षित भी
चलो मिलकर रचे इतिहास नए
बता दें लाचार नहीं कश्मीरी पंडित
आओ हम खुद अपनी पहचान बने

गफलतों से अब बाहर निकलो
मत करो किसी से उम्मीद कोई
अपने ही देश में गैर होने वालों
साल तैतीस हुए आंखें न सोईं

जगाओ अपनी युवा पीढ़ी को
ललकारो अपनी धरोहर को अब
भीख में नहीं मिली संस्कृति अपनी
कायरता ज़हर है उठा लो परचम

हमने ऊंचाइयों को लगाया है गले
थामकर हमने मेहनत का दामन
अपनी सभ्यता को जीवित रखा
निभाये हमने हर दायित्व अब तक

युवा पीढ़ी में जोश भरना है
गर अपने अस्तित्व को बचाना है
मुट्ठी भर ही सही माना हैं हम
अपनी संतति हमें बढ़ाना है

अपने कलम को शस्त्र में बदलो
कुरेद डालो अपने ज़ख्मों को
कोने कोने में गूंजे शोर दिल का
उठा दो नींद से हर अपनों को

शांतिवादी हैं हम, भगोड़े नहीं
जान ले तू ऐ कायर अतिरेकी
खंडित हो चुके पर पंडित हैं हम
याद रखना हमारी ये नेकी।

29- सागर अब बोल पड़ा है

मैं सागर हूँ, पुण्य, पवित्र
जल का एक अथाह स्रोत
धरती के कण कण में,
मैं हूं बसा
मुझसे ही है यह सृष्टि ज़िंदा
स्रोत हूँ हर बरसती बूंद का
समा जाता है मुझमें
प्रवाह नदियों का

हर जीव का जीवन
मुझसे ही है जुड़ा
मेरे बगैर किसी का
व्यक्तित्व है कहाँ
जीवनदायक हूँ
हवाओं का रुख मैं ही बदलता हूँ
अपने वक्षस्थल के उफान से
जीवन को प्रवाहित करता हूं

ऐसा नही वेदना मेरी
कभी बढ़ती नहीं
वेदना में विक्राल रूप
अनचाहे धारण करता हूँ

मुझे भला कौन हराए
मैं हार जाता हूं खुद से ही
कौन रोके भला मुझको
मैं खुद को रोक पाता नहीं

पशु पक्षी हो या हो मानव
पाला है मैने अनादिकाल से
बदले में कभी न हुआ कोई मेरा
वाकिफ नहीं कोई मेरे हाल से
अपने वक्षस्थल के झूले में
झुलाता आया हूँ सदियों से
मेरे आंसू हैं मुझमें विलीन
निर्झर हैं झरते अंखियों से

मग़रूर हो चुका है मानव
मेरी वेदना न सुन पा रहा है
कुरूप हुआ है रूप मेरा
न जाने कौन सी धुन तू गा रहा है
पर बहुत हो चुका, अब सुन मानव
मेरी आखिरी चेतावनी है
न आक्रोश बढ़ा मेरा अब
मेरी आखिरी चेतावनी है

मैं अपने आंसू पीता आ रहा हूँ
दम घुटने लगा है मेरा

भीतर के जन जीवन का भी
मुश्किल हो गया बसेरा
तू बदल दे अपनी जीवनशैली
वरना धरती होगी जल में विलीन
फिर से धारण करूंगा रूप विकराल
कर दूंगा मैं जीवनविहीन

30- आओ माँ वीणा वादिनी

बसंत पंचमी है करें, माँ स्वरस्वती का ध्यान
खिल जाए कमलवत, सबके पावनमन उद्यान

जन्ममहोत्सव है सजा, हर्षित हृदय अपार मेरा
मिटा दे मातु कलेश सारे, दूर कर जीवन अंधेरा

आया है बसंत भैरों ने, फूलों की बारात सजाया
खिले प्रेम के सुमन सुहाने, तरुणाई वृक्षों पर छाया

भावनाओं में लथपथ, जीवन पतझड़सम है वीरान
पापों से कर मुक्त शारदे, देकर ज्ञानप्रभा वरदान

धुन्दला है मन का दर्पण, जो ज्ञान बूंद बरसाए मां
तन मन बने संयमित मेरा, स्वेत ध्वजा लहराए मां

आओ हे माँ वीणावादिनी, मनमंदिर में करो निवास
लक्ष्यप्राप्ति हो यश मिले, जनजीवन में भरो प्रभास

त्योहारों में ज्ञानपुंज है, ज्ञान की देवी हर लो अज्ञान
नमन इस पावन धरा को, संस्कृती जिसकी है महान

31- काल विधाता की चाल

उम्र सारी हम छलकते आंसू छुपाते रहे
सह के दर्द औरों की महफ़िल सजाते रहे
दो अक्षर लिखे लोग शायर समझते रहे
हम घुटते रहे लोग वाह वाह करते रहे

भाग्य को ही अपना आयाम समझना
पाया बहुत कुछ पर नाकाम भी रहना
हौसले की धार तेज करते रहे अक्सर
राह में पत्थरों को तोड़ते रहे अक्सर

हर बाधा में अवसरों को खोजते चले
तरकश में सारे तीर हों ये सोचते चले
मंज़िल थी मुश्किल व खाइयां बेशुमार
ना रुके,ना झुके, लक्ष्य की तेज थी धार

काल पर बस नहीं, विधाता की है आस
उसकी सत्ता स्वीकारना है परम विश्वास
मृगतृष्णा को त्याग दे, मन को सहेजकर
समय की धारा संग बस बहता रहे प्रखर

कामयाबी का जुनूं, और हौसला भरपूर
पर भविष्य की चाह में वर्तमान को न भूल
मेहनत, लगन और आस्था में जान चाहिए
मिल जाता है विजयपथ, ईमान चाहिए।

32- चूल्हे की गाथा

मैं बस एक अदना चूल्हा हूं, सुनलो मेरी कथा
समय बदलते बंट जाता हूं, मेरी यही व्यथा

जिस घर में सौहार्द्र बसे, मैं उस घर का राजा
ईर्द गिर्द गृहलक्ष्मी बसती, व्यंजन बनता ताजा

एक रानी लकड़ी लाती थी, दूजी आग जलाती
तीजी से बर्तन सजते थे, चौथी छोंक लगाती

छोटे बड़े कतार में बैठे, साथ मनोहर लगता
चर्चा हो दिन भर की बीती एक दूजे से कहता

अतिथि जब-जब आते, संग मेरे आसन जमता
इधर उधर की बतियाते, मन मेरा भी बहलता

समय बदलते बदला रूप, स्टोव गैस कहलाया
छोटा हुआ रसोई सबका, तनहां मुझे सजाया

नए हुए अब तौर तरीके, लेकिन लोग इकट्ठे थे
भोजन बनते थे कोने में पर सब मिलकर रहते थे

पर विधि जाने कालचक्र, घटित हुई ऐसी घटना
एक जगह जलने वाले को, पड़ा कई जगह जलना

लकड़ी और खनकती चूड़ी, याद पुरानी हो गई
किलकारी की गूंज कहीं, आंगन में सबके खो गई

विकसित ऐसे हुए सभी, परिवार बटे सब हिस्सों में
खुशियां और प्रेम बसते हैं बस टीवी के किस्सों में

माहौल अब सूना-सूना है, अपनापन का पता नहीं
दर्द मेरा क्या समझे कोई, इसमें इनकी खता नहीं

मेरा दिन लौटा दे कोई, खाने पर बैठें मिल चार
जीवित रहें भावनाएं और, आपस में हो प्यार-दुलार

33- शहर तू गांव छोड़ जा

कलकल करता पानी
गांवों की ताब जवानी
माटी की खुश्बू भीनी
लगती है कितनी सुहानी

छोटी छोटी पहाड़ियां
टेढ़ी-मेढ़ी पगडंडियाँ
बाग बगीचे खेत न्यारे
मीठी मीठी लोरियां

मिट्टी का वह आंगन
भीनी सुगंध खोये मन
हर धड़कन में अपनापन
हर एक छोर पर अल्हड़पन

भोर भये गैया आंगन में
सबको दूध पिलाती है
दूध दही मक्खन से अपने
जीवनज्योति जलाती है

आंगन का गुलाबी उजाला
पलंग बिछा निवाड़ वाला
बुजर्गों का हुक्का पीना
अंगीठी बनती है पाठशाला

खनकती चूड़ियां, मटके का मंथन
श्वेत, शुद्ध लुभाता मक्खन
कुँए की मुँडेर पर भोलापन
संस्कृति दर्शाती सर की ओढन

काश! गाँव, गाँव में रहता
शहर गाँव-गाँव न बसता
खुशहाल आज भी होते सब
सुख सुविधा को न रोते सब

चकाचौंध जो बढ़ी शहर की
बढ़ गयी सबकी ही बेबसी
पथरा गई आंखों की पुतली
गायब हुई नींद रतियों की

दो जून की रोटी का किस्सा
लहु लुहान जीवन का हिस्सा
कित जाएं अब सोच न पाता
घबराता है कुछ नहीं भाता

ए शहर तू गांव छोड़ जा
कदमों को वापस मोड़ जा
चकाचौंध की लालसा तोड़ जा
मिट्टी से लोगों को जोड़ जा

34- शब्दों का हेर फेर

शब्द जब अपना रूप बदलते
और होती इनमें जब हेर फेर
आदमी, आदमी न रहता है
मंज़र बदलने में न लगती देर

शब्द हैं कई विरले ऐसे
कानों में रस घोले होले-होले
शब्द कई चीर दे मन को
छेड़े मन में दहकते शोले

शब्द जब रूप बदलता है
बन जाता है बस गाली
तीर छूट जाता है ऐसा
लौटा जो कभी नहीं खाली

बस पल भर में आदमी
मवाली बनकर रह जाता है
शब्दों का हेर फेर ही तो
अंदर का अंधेरा दर्शाता है

दिलों को दिलों से जो जोड़े
ऐसे शब्द जहां भी मिलते हैं
फूटती हैं धाराएं भवनाओं की
मन के बाग फूलते-फलते हैं

समझो और बूझो जीवन का
"ज़िंदादिल" है शब्द महान
कसौटी पर खरा जो उतरे
कर दे यह जीना आसान

क्या मेरा-तेरा, इसका-उसका
वाकई में रखता है पहचान
अरे ज़िन्दगी है चंद दिनों की
क्यों जताते हो तुम एहसान

साँसों की गिनती पर
कब किसी का ज़ोर चला
रुक जाती हैं साँसे जब
खतम हुआ हर शिकवा गिला

मिलजुलकर ही रहने से
राहें खुलती हैं उन्नति के
शब्दों को तोलें फिर बोलें
मंत्र यहीं है सम्मति के

35- शर्मसार है 72वाँ गणतन्त्र दिवस

कैसे बंदा आज यहाँ
वहशी परिंदा हो गया
करता रहा जो नेतृत्व
वह खुद दरिंदा हो गया

अन्नदाता इस देश का
है असल में भोला-भाला
हक छीनना चाहता है
इनका हर टोपीवाला

मेहनतकश किसान को
शातिर वर्गला कर ले गया
मक्कारी की राह चलने का
उसको भी धंधा दे गया

कैसे देश का हाल उस पल
चुटकियों में उसने बदल दिया
गद्दारों ने जाल बिछाया
भोले किसान को निगल लिया

हुआ तांडव लाल किले पर
आवाम सिसकती रह गई
देश पे मरने वालों की
दुनियां उजड़ती रह गई

सब्र, सुविचार, सदाचार
न जाने उस पल कहाँ गए
झूठ फरेब मार-धाड़
इसी में सब उलझ गए

आवाज़ दे रहा लाल किला
हूं आज़ादी का मैं प्रतीक
रूह आज तड़पती मेरी
कैसे रहूंगा मैं निर्भीक

तिरंगा भी आज घायल है
षड्यंत्रों के चक्रव्यूह से
कैसे विश्वासघात सहूं मैं
पूछ रहा है अपनी रूह से

72वाँ गणतंत्र दिवस
हुआ है आज शर्मसार
प्रतिष्ठा हुई है तार तार
लोकतंत्र पर हुआ प्रहार

36- युवा, तुझे देश पुकारता

सशक्त युवा नवयुग भारत का
असली धारा धरोहर है
उद्धार इस तपते वतन का
इनके कदमों पर निर्भर है

उठ जाग युवा तू नींद से
अपने कदमों को आगे बढ़ा
व्याप्त बुराइयों का विनाश कर
हर बंदे को तू खुशहाल बना

भ्रष्टाचार, जातपात, अत्याचार
तेरा धर्म नहीं, ईमान नहीं
उन्नति ही तेरा लक्ष्य है
तू सजग है बेईमान नहीं

सदियों की कुप्रथायें
तू अब जड़ से उखाड़ दे
अपनी संस्कृति का प्रचार कर
नेतृत्व कर जीवन संवार दे

सही दिशा दे, इरादों से
कुछ अक्षर यूं अंकित कर दे
प्रगति की बन परिभाषा तू
बाहें अपनी विस्तृत कर दे

ज्योत जला तू प्रकाश की
भेदभाव का संहार कर
धैर्यवान बन, चरित्रवान बन
अपने अस्तित्व का प्रचार कर

साधन बुद्धि प्रबल कर अपनी
फिर बन जा तू विश्वगुरु
गंगा की धारा से तेरी
होती विद्यापाठ सुरु

अलगाववादियों की बस्ती,
छोड़ अपनी पहचान बना
यह देश है बुद्धिजीवियों का
उनका संघर्ष न व्यर्थ गंवा

अहंकार, स्वार्थ, जातिवाद
उखाड़ दे इनकी जड़ें तू
कर्मठता का मार्ग प्रशस्त कर
नित नए हिमराज चढ़े तू

देश तुझे है पुकारता अब
संबल दे तू अपने जिद को
दशक शरू हुआ दो हजार तीस
दिशा नई अब दे दे खुद को

बदल दे तकदीर देश की
हाहाकार का कर दे अंत
चुनौतियों को स्वीकार ले तू
चोला अब रंग ले बसंत

37- प्रतिबिंब

चलो नव भारत की करें बात
उपलब्धियाँ जिसने पाई हैं अनेक
विश्व में भी हम खूब चर्चित हैं
पर भीतर खोखला यहाँ हर एक

घुटन से जनता है बेबस आज
चारों तरफ है विषभरी फुफकार
मुफ़लिस की चादर घट गई है
हर मोड़ पर फैली है चीत्कार

आज भी यहाँ बचपन हाथों में
कटोरा लिए फिरता चौराहे पर
नंगे बदन, वीरान आँखें, बेबसी
बिकती है जिंदगी हर दो राहे पर

स्त्री की सुरक्षा व् प्रतिष्ठा
आज यहाँ प्रश्न चिन्ह है बना
रक्षक ही भक्षक बन बैठे है
अभिशापित और डरी यौवना

किसान यहाँ अपने खेतों में
फंदों से लटका मिलता है
उसका अस्तित्व है खतरे में
तिजोरियों वाला फलता है

हर क्षेत्र का विकल्प जाने क्यों
चंद झोलियों में जा रहा है
रोटी का जरिया है नदारद
साहूकारों को लुटा रहा है

दिवालिया खुद को घोषित कर
देश छोड़ते बिजनेस मैन
स्विस बैंक की चाबी लेकर
गुम हो जाते हैं दिन रैन

घोटाले हो रहे हर क्षेत्र में
नेताओं का हैं सम्बन्ध
आम आदमी किसे पुकारे
भ्रष्टाचार की छटे न धुंध

धर्म निरपेक्षता और आरक्षण
वोट के दो साधन हैं आज
छुप जाते मुद्दे जिसमें हो
साक्षरता, नौकरी, किसान

दशकों पहले हुआ पलायन
रिफ्यूजी का टैग मिला
उसकी निष्ठा और प्रतिष्ठा
छलनी है क्या करे गिला

मंदिर में भोग लगाने वालों की
यूं तो यहाँ कोई कमी नहीं
पर मन के मंदिर काले हैं
मानवता से इनकी जमी नहीं

संस्कार हमारे दूषित हैं
धूमिल हो चुकी है संस्कृति
बढ़ रहे वृद्धाश्रम क्यों जब
संस्कारी हैं और सुशिक्षित

हम अति आधुनिक हो गए
लिव इन रिलेशनशिप वाले
धिक्कार है पश्चिमी सोच पे तेरे
उठा रहे निस दिन प्याले

देश का आईना है धुंधला
प्रतिबिंबित मुख है मटमैला
कुरीतियों के दीमक लग गए
हवाओं में अब है विष फैला

समय की पुकार है आत्मचिंतन
खुद से करनी है शुरुआत
नैतिक मूल्य समझ ले अपनी
भारत भूमि तेरी सौगात

38- विवेकानंद, यौवन का प्रतीक

विवेकानंद हैं यौवन के प्रतीक
युग प्रवर्तक वे रहे सटीक

प्रेरणा के हैं एक अद्भुत सूत्र
धन्य है धरती, ऐसा पाकर पुत्र

गम्भीर, सुजान था व्यक्तित्व
बुद्धि, विवेकस्वामी परिपक्व

मार्ग दर्शक थे राम कृष्ण
गुरु थे वह विरले और भिन्न

सदीप्त ललाट था प्रखर ज्ञान
थे मृदुभाषी और संत महान

वक्ता ऐसा नहीं हुआ निराला
चहुदिस फैला ज्ञान उजाला

देवी माँ ने जिन्हे दर्शन दिया
"निष्काम कर्म" का वर दिया

हिन्दू धर्म का किया उत्थान
ज्ञानी थे और साधक महान

पूरे विश्व में वह भ्रमण किये
अचंभित, अद्भुत भाषण दिए

स्वसंस्कृति का डंका बजा दिया
विश्व धर्म सम्मेलन सफल किया

जब जब "युवा दिवस" मनाएंगे
उनके विचारमंथन उर में समाएंगे

करें अर्पण उनको श्रद्धा सुमन
उनके दर्शन को शत-शत नमन

प्रण लें, रास्ता उनका अपनाएंगे
अपनी संस्कृति पर बलि-बलि जायेंगे

वक्त सही है उनका अनुकरण करें
धन्य हो धरती, कुछ ऐसे कर्म करें

39- जीत दृढ़ता की निशानी

राह में हो चाहे कितनी अड़चनें
तू सूझ-बूझ से काम ले
हार मान लेना है कायरता
चिंगारी छुपी होती है राख में

किनारा चाहे कितना दूर हो
बुज़दिली है डूब जाना
हर हाल में जो पार करे
ऊंचा रखे अपना निशाना

हिम्मत हौसला है अस्त्र-शस्त्र
खोना मत मुश्किल की घड़ी में
वश में रहे मन और मस्तिष्क
वाणी में संयम की कड़ी हो

जीत की चिंगारी न बुझने दो
कठिन सफर, कदम न रुकने दो
हर मुश्किल में है सीख छुपी
खुद को दुःख व दर्द सहने दो

हर हाल में बढ़ना है तुझको
जीने की यही निशानी असली
एक हार से जो टूट जाये
जीत का भागीदार है नकली

कोशिशें देती हैं अनुभव हमें
बिन कोशिश कौन सफल बना
हर चुनौती जो स्वीकार करे
ईश्वर भी उसके साथ खड़ा

जीत कोई लालसा नहीं
दृढ़ता की अटल निशानी है
खुद सुदृढ़ व परिपक्व बनो
हर संकट अब बेमानी है

40- पतंगे बोली

ऊपर रंग बिरंगी उड़ती पतंगे
आकाश में कुछ बोल रही थी
ज़िन्दगी की व्यथाओं के शायद
रहस्य कुछ खोल रही थी

नीली बोली, वह देखो
कैसे नीचे वे पेच लड़ा रहे हैं
समझते हैं हमें उड़ाकर
वह बड़ा कमाल दिखा रहे हैं

लाल बोली, यह तो मांझा है
जिसने हमें बांध रखा है
कटने से हम भला क्यों डरे
ऊंचा उड़ना जब साध रखा है

बोली हरी, ऊंचाइयां हम छू लेते हैं
इसमें मांझे वाले का है कमाल
मजबूत हो धागा, अटल इरादा
पेच तो लगेगा ही बेमिसाल

पीली बोली, क्यों बहनों
ऐसा नहीं हम कटती नहीं कभी
कटने से बोलो कितनी बार
बची है हम सारी सखी

अब बोली दुरंगी नीली पीली
उड़ते उड़ते हम कितना पछताते हैं
जब आकाश में बेजुबान पंछी
इस डोर से कटकर मारे जाते हैं

सामने से एक आता पक्षी बोला
अरे क्यों करती हो तुम इसका जिक्र
जब नीचे बैठे इंसानों को ही
रही नहीं अब जरा सी फिक्र

यहाँ नीचे वाले, पेच लगाते जाते हैं
तुम ठुमक-ठुमककर नाचती जाती हो
अरे गर हम घायल होकर गिर जाते हैं
तुम भी तो अपना अस्तित्व खो देती हो

अगली सुबह इंसान देखकर नज़ारा
पल भर के लिए दिल उसका दुखता है
शायद शर्मिंदा भी हो जाता होगा
पर कुछ दिन में सब वह भूल जाता है

एक साल बाद वही कर्म दोहराता है
इंसान का शौक फिर से उभर आता है
तुम हवा संग लहराती हो, हम कटते हैं
ऐसे ही वक्त आता है गुजर जाता है

ज़िन्दगी का चक्रव्यूह है शायद यही
यह क्रम शायद कभी बदलेगा नहीं
हम यूं ही डोर में फसकर मरते रहेंगे
तुम उड़ती रहना लोग हंसते रहेंगे

41- क्या दिया वर्ष २०२० ने

क्या दिया वर्ष २०२० ने हमें
सोंचने की बात ज़रूर है
माना दिए ज़ख्म खूब गहरे
पर हौसला भी दिया भरपूर है

फिर से वाबस्ता करा दिया
भूले हुए रीति रिवाजों से
मानव को मानव बना दिया
अपने अलग ही अंदाज़ों से

घर में सबको बंद किया
पर दिल की गांठे खोल दी
मुख पर पट्टी बंधवा दी
हया शर्म आंखों में लौटा दी

कठिनाइयों में कैसे जिये
अलग ही अंदाज़ सीखा गया
भूली बिसरी कहानियों को
फिर से आईना दिखा गया

अहं में डूबा था हर जन मानस
सिखा गया पाठ मानवता का
"कल" और "कल " में क्या अंतर है
क्या है भेद निज निरवता का

गरूर व् नासमझी ने
मानव को दानव बना दिया था
निरंकुश हुए थे पशु पक्षी
प्रकृति को भी घायल किया था

माना दिल दुखाया बहुत
बार-बार दो हजार बीस ने
पर हमें आईना दिखाया
हमें जगाया दो हजार बीस ने

प्रकृति का नियम है कठिन
ऐसे कुछ अनुभव सिखा गया
नायाब संक्रमण के रूप में
वास्तविक दुनिया दिखा गया

परिवर्तन और विकास
प्रकृति के नियम है अभिन्न
जब भी हम रेखा पार करेंगे
ईश्वर रूप धरेगा "भिन्न "

युग है यह "कयुग" न जाने
क्या-क्या और दिखायेगा
पर अंतरात्मा गर हो पवित्र
ईश्वर भी साथ निभाएगा

चलो प्यार से विनम्रता से
२०२० को विदा करें
शुक्र करें उस परमात्मा से
जिसने हममें हैं सांस भरे

42- चलो नया दौर लिखें

क्यों न एक नए दौर का
आगाज़ मिलकर अब करें
शिकवे गिले सब छोड़ कर
आपस में सब गले मिलें

मन भरकर संग-साथ जियें
जितना भी है उसमें सुखी रहें
दुखमय तो दुनिया है अपनी
सोच-सोच क्यों दुखी रहें

गुज़रे जिधर से भी हम अपनी
मुस्कानों की छटा बिखेर दें
खूब हो शोर शराबा मिलकर
मिठास हवाओं में भी घोल दें

है चंद दिनों की यह ज़िन्दगी
घुट-घुटकर इसे क्यों जियें
परेशानियों को पछाड़कर
चलो थोड़ी नादानी भी करें

क्यों न खुदगर्ज़ी को अब
क़ुरबानी में बदल दें आज
ज़िम्मेदारियाँ निभ जाएँगी
किसी राह पर निकल लें आज

तन मन धन से अब चलो
इंसानियत से जीकर दिखाएं
मानवता को रोशन करे दें
मुस्कानों के दिए जलाएं

43- यह उम्र पचास

है अजीब यह उम्र पचास
होती हैं इसमें बातें बड़ी खास
जवानी के कदम ठिठकते हैं
और होता है बुढ़ापे का आगाज़

पार करते ही अर्ध शतक
होता है दिल में अलग ही आनंद
ज़िम्मेदारियाँ बढ़ सी जाती हैं
होना पड़ता है समय का पाबंद

नहीं लगती बोझ कभी
जिम्मेदारियों से भरी पोटली
ज़िन्दगी ने सिखाया है इतना
नहीं होती हंसी अब खोखली

कंधे से कन्धा मिलाकर
जब अपने बच्चे साथ चलते हैं
छाती चौड़ी हो जाती है
उनके सपने अपने लगते हैं

प्यार भरपूर बांटने के लिए
वक्त होता है खास रुकना नहीं
सपने बच्चों के साकार हो
पीछे इससे कभी हटना नहीं

सफर के इस मुकाम पर
कुछ गजब खेल हो जाता है
जीने का मकसद बदलता है
आदमी जिसमें खो जाता है

राहें उम्र के इस मोड़ पर
अलग ही रूप रंग में ढलती हैं
बच्चों के भविष्य की खातिर,
खुद की परवाह नहीं करती हैं

रोज़ एक नया तजुर्बा
आज़माइश रोज़ एक नई
अपनी रुचियों से बेखबर,
दफन हो जाते हैं सपने कई

बेटे का सेहरा, विदाई बेटी की
सपनों की सीमा है बस इतनी सी
सर्व समर्पण से इन सपनों को
निभाना चाहता है दिल से हर कोई

यह पड़ाव अपनी उम्र का
इसको जियेगा शान से जो भी
मकसद जीने का होगा पूरा
सौगात है ढलती साम हो तो भी

आगाज़ असली ज़िन्दगी का
होता है पचास के आंकड़े के बाद
आने वाला कल दस्तक देता है
जाग उठता है इंसान जागने के बाद

हर उम्र का यूं होता है
अलग ही एक अंदाज़ अपना
कहीं आगाज़ तो कही अंजाम
कहीं गिर के उठना, कहीं संभलना

राज़ ज़िन्दगी का यही तो है
कदम-कदम पर हो आहट नई
बीता पल अक्सर छूट जाता है
वक्त लाता है साथ खुशियां कई

44- फिर से आओ चक्रधारी

वातावरण अब अतिदूषित है
घूम रहे चहुं ओर दुराचारी
नारी की अब लाज बचाने
फिर से आओ हे चक्रधारी

सियासत की दलदल अब
फैली हुई है चारों ओर
शकुनि-रावण फिर हैं हावी
जाएं तो जाएं हम किस ओर

लावारिस है जनता सारी
नेता स्वार्थ की जड़ें सींच रहे हैं
जानकर भी सब अनजान हैं
लोग अपनी आँखें मींच रहे हैं

त्रेता में आकर तूने मोहन
धरती से पाप मिटाया था
सूझ-बूझ और कूटनीति से
अर्जुन को ज्ञान पढ़ाया था

आना पड़ेगा फिर धरती पर
फिर अंधकार मिटाना होगा
गोवर्धन नहीं पूरी धरती को
इक ऊँगली पर उठाना होगा

करके फिर से ज्ञान की वर्षा
कलियुग को पावन कर जाओ
अपनी इस सुंदर रचना को
पुनः सप्तरंगों से सजाओ

45- रावण दहन

सदियों से जलाते रहे रावण को
पर रावण अब तक नहीं जला
बाहर की काया राम सी है पर
अंदर का रावण नहीं मारा

मर्यादाएं अब भी सिसक रही हैं
सच्चाइयों का कुछ पता नहीं
भृष्टाचार ने घेरा है सबको
कोई विभीषण मिला नहीं

धन की लालसा लपक रही है
संस्कारों ने है घर छोड़ा
पाप पुण्य की पहचान विलुप्त है
मानवता ने है दम तोड़ा

काम, क्रोध, मोह, लोभ ने
ऐसा बिछाया है जाल अपना
भय बिना जीवन जीना
बस लगता है अब एक सपना

है हर गली हर मोहल्ला
दशकंधरों से भरा हुआ
चलती काया जो दिखती है
उनका ज़मीर है मरा हुआ

यहाँ छलावा पग पग पर है
सत्ता वाले सब नोच रहे हैं
दूभर हो गया खुल कर जीना
पता नहीं क्या सोच रहे हैं

जीवन का अर्थ व्यर्थ हो रहा
तमाशबीनों की कमीं नहीं है
न्याय व्यवस्था कमज़ोर पड़ी
अब पैरों तले भी जमीं नहीं है

कागज़ के रावण जलने से
रावणरूपी सोच मिटेगा कैसे
जब तक अंतरआत्मा सोई है
पुतलों से पाप हटेगा कैसे

भविष्य गर सुरक्षित रखना है
हर प्राणी को प्रण लेना होगा
दुष्टों के छल कपट चरित्र को
अब और नहीं सहना होगा

धरती भी अब थर्राई है
लहू-लुहान इसकी छाती है
नारी अब खड़ग उठा दुर्गा बन
घायल स्त्रीत्व बुलाती है

रूप धरना होगा चंडी का
परीक्षा चाहे कितनी भारी हो
वध करना होगा असुरों का
आज के युग की नारी को

रावण दहन एक बार हो ऐसा
अबला की चीर हरण रूक जाए
माँ बहनों का दमन न हो अब
कोई पितामह सर न झुकाए

46- हाँ वक़्त हूँ मैं!

सुनो वक़्त हूँ मैं, हाँ वक्त ही हूँ
वश में किसी के मैं आता नहीं
तुम तो मेरे कुछ पल के मेहमां हो
मैं समझाता हूं, पर तुम्हें भाता नहीं

महीने नौ अंधकार में जीकर
उजाले में वह तेरी पहली श्वास
थाम लेता हूँ उँगली तेरी उसी पल
होता है वह पल सबके लिए खास

गहराई से उस पल को समझो तो
सफर शुरू होता है दोनों का एक साथ
मैं रुक सकता नहीं कहीं चाहकर भी
तुम रुकते और चलते हो हजारों बार

ना कोई शक्ल है मेरी ना कोई रंगत
फिर भी कहते हैं लोग बदलता हूं मैं
अनगिनत सालों से चलता आ रहा हूं
तेरे ग़म में रोता हूं खुशी में हंसता हूं मैं

रवानी में अपनी यूं डूब जाते हो
आँख मिचौली मुझसे ही करते हो
मुश्किल कभी जब आन पड़ती है
तोहमत मेरे ही माथे पर रखते हो

खफा या रज़ा होना मेरी आदत नहीं
ना कर्म है मेरा और नहीं कोई धर्म है,
दो पलों के बीच की तेरी मेरी दुनिया है
तेरी कहानी का किरदार हूं, यही मर्म है

वक्त हूँ मैं पल-पल बीत जाता हूँ
पलट सकता नहीं मैं किसी की खातिर,
खुद संभलो पहचानो फिसलते लम्हों को
टंगी हुई घड़ियाँ होती हैं बड़ी शातिर

47- मैं बिंदु हूँ

मैं बिंदु हूँ
एक जगह ठहरा हूँ
पर वास्तव में
बहुत गहरा हूँ

मैं अनंत शून्य हूं
एक सूक्ष्म चिन्ह भी
पर निश्चित अंत है मेरा
इसलिए मैं अभिन्न हूँ

न तो मेरी लम्बाई है
और न ही चौड़ाई
पर मेरे अस्तित्व में
खूब है गहराई

बिन मेरे किसी
दिशा का रूप नहीं
संभव मेरे बिना
कोई स्वरूप नहीं

मैं बिखरता नहीं
रेखाओं की तरह
ठहराव है मुझमें
पर्वतों की तरह

न जाने रेखाओं को
क्यों, कैसा गुमां है
मुझसे अलग बताओं
उनका अस्तित्व आसान हैं ?

यूं तो रहता हूँ रेखाओं से बंधा
पर अनंत हूँ अटल हूँ
मैं पराधीन नहीं
इसलिए मैं सकल हूँ.

48- वे बोले - मैं बोली

वे बोले मुझसे - इतनी भी खुश क्यों
मैं बोली - भला मैं रोऊँ क्यों
वे बोले - ठहाके किस बात पर इतने
मैं बोली - दम घुटे क्यों मेरा
वे बोले - वक्त है तनाव भरा
मैं बोली - हाँ है, पर हारूँ क्यों
वे बोले - क्या कभी दुखी होती नहीं हो
मैं बोली - हूँ, पर खुशियां क्यों भूलूं मैं
वे तंज़ करके बोले - ज़्यादा हँसा मत करो
मैं बोली - आदत है, तो छोडूं कैसे?

अब थी मेरी बारी, मुस्कुराते हुए पूछ लिया
तुम्हारे आँगन के चूल्हे में लकड़ी जलती है क्या
परेशानी में जो हाथ बढ़ाता है आगे
उस ईश्वर की छाया कभी दिखती है क्या
अपनी मुस्कराहट किसी संग बांटी हो जो
वैसी संतुष्टि कहीं और पाई है क्या
ज़रा पीछे मुड़ के देखो और बोलो
किसी में उम्मीद कभी जगाई है क्या
बेबसी में कितनी आँखें छलकाई होंगी
क्या तुम्हारी भी आंखे कभी भर आई होंगी?

हर किसी की ज़िन्दगी है बिखरी पड़ी यहाँ
पर एक ही सूत्र में बंधा हुआ है हर प्राणी यहाँ
कुछ उम्मीद अपने अंदर जगाओ
कुछ मुस्कुराहटें औरों में बांटो खुश हो जाओ
वक्त बदलेगा ज़रूर, ईश्वर का नियम है
पर जीतेगा वहीँ यहाँ जिसमें अभूतपूर्व संयम है।

49- एक सवाल परछाई से

आज अपनी परछाईं से
मैंने यूं ही पूछ लिया
तेरा मेरा रिश्ता
कैसा ईश्वर ने बनाया
क्यों हरदम तुम आखिर
चलती हो मेरे साथ
चाहे दिन का हो उजाला
या हो ढलती सांझ

थोड़ा मुझसे दूर भी रहो
ज़रा मैं थोड़ा चैन पाऊँ
तुम अपने रास्ते चलो
मैं अपने रास्ते जाऊँ
आत्मविश्वास मैं अपना
अपने दम पे जगाऊँ
तेरे एहसास के बिना
कुछ अलग सोच उपजाऊं

मेरी परछाईं पहले मुस्कुराई
फिर प्यार से बोली
तेरा मेरा अलग होना
मुमकिन नहीं सहेली

115

तेरी ज़िन्दगी की रफ़्तार का
मैं अटूट एक हिस्सा हूँ
जो तेरे से अलग होए
मैं नहीं वह किस्सा हूँ

ईश्वर का बनाया हुआ
यह दैवी चक्र है
याद रख , ईश्वर को
हमेशा तेरी फ़िक्र है
तू जीवन की राह में
कभी न अलग पड़ जाये
तेरे हौसले न कभी
जीवन में मंद पड़ जाएँ
ज़रा मुड़कर देख
कौन है खड़ा तेरे साथ
तेरा मेरा रिश्ता ही
है हमारी असली साख
हँसते-रोते न जाने कितने साल
कितने मौसम हमारे निकल गए
कभी गिरे, कभी संभले
कभी राह में फिसल गए

उसकी बातें सुनकर मैं
भावुक बहुत हुई
पूछ बैठी मैं एक सवाल

दुहाई मैं देती हुई
कि अंधकार में साथ छोड़ना
कहाँ की रीत है
तुम ज़रा समझा दो मुझे
कैसी यह प्रीत है
मेरी परछाईं न जाने
क्यों तब से चुप है
और मेरा मन भी
सवालों के बवंडर में गुम है

आज मैंने अपनी परछाईं से.....

50- समाज में अफरा तफरी क्यों?

न जाने क्यों समाज में इतनी अफरा-तफरी फैली है
ऐसे कौन से बीज उपजे हैं, क्यों इंसानी सोच मैली है

ए जीव तू तो बस दो जून की रोटी का मोहताज है,
विषैले बीज क्यों बोता है क्यों नफरत भरी आवाज है

इर्ष्या, द्वेष, अंधकार का प्रचार क्यों इतना हो रहा है
नुक्कड़ों पर हैं इनकी दुकानें ज़मीर इनका सो रहा है

कर्तव्य कहीं लुप्त हो चुका है, शापित हुआ संसार
धीरज अंधकार में छुप गया, विकृत हुआ व्यवहार

हर तरफ है आंदोलन, हर तरफ फैला है भृष्टाचार
समाज की किरकिरी हुई है, हुआ दरिंदगी का प्रादुर्भाव

राजनीति और अर्थनीति, कुछ अलग दौर से गुज़री है
इंसान आक्रामक हो चुका है, खामोशलब हर प्रहरी है

कब बदलेगा ये मनुष्य, मानवता वापस लौटेगी क्या
क्यों कठपुतली संस्थाएं हैं, इनकी प्रतिभा बोलेगी क्या

नकारात्मक विचारधारा ने आँखों पर परदे डाले हैं
धरती माँ पूछ रही बरसों से क्या आप सुधारने वाले हैं?

51- लड़के भी रोते हैं!

कौन कहता है हमें कभी, आता नहीं है रोना
दिल भावुक है लेकिन, मुश्किल है संयम खोना

जाने क्यों धारणा ऐसी लोगों ने मन में बनाई है
अरे हम भी हैं दुखियारे, मुश्किल में रात बिताई है

गर रो दिए हम भी तो किरदार हमारा डगमगाएगा
जो हम फिसल गए आखिर, तुमको कौन संभालेगा

बचपन से ही सिखाते हो हमें कभी तुम रोना ना
अस्तित्व तुम्हारा है पुरुषत्व, धैर्य कभी भी खोना ना

हाँ, यहीं सीख मेरे मन को मज़बूत बनाये रखती है
पर घुट-घुटकर जीता हूं, कुदरत जाल बिछाए रहती है

ऐसा नहीं कि मन मतवारा काली रातों में खोता नहीं
पर दुनिया से शर्माता हूं, लड़का जो हूं अब रोता नहीं

कभी-कभी घुटन हमारी मन के कई रोग लगा देती है
सख्त जिस्म को चुपके चुपके भीतर भीतर खा लेती है

न जाने कितने नौजवान पंखों से लटक चुके हैं यहां
जीवन की परीक्षा हार चुके लाखों भटक रहे हैं यहां

हर लड़का नहीं मतलबी है, और नहीं गैरजिम्मेदारी है
कन्धों पर बोझ प्रबल इतना जैसे सब गोवर्धनधारी हैं

पहचानो मेरे मन को, प्यार से माथा सहलाओ तुम
गर दुःख-सुख में साथ नहीं कैसे रिश्ते बतलाओ तुम

कभी-कभी रहती होगी व्यवहार में अंजानी कड़वाहट
गलत-सही ठहराने वालों कैसी नफ़रत, कैसी चाहत

दुविधाओं में फंसी रही हर सुबह शाम सांसें अब तक
कितने ही टुकड़ों में बंटकर मैं नाप रहा राहें अब तक

चाहत है हम भी बिन बोले पीड़ा अपनी बतलाए तुम्हें
है भाव से विह्वल मन इतना, रोएं और आज रुलाएं तुम्हें

52- बिन फेरे हम तेरे

कितनी इबादतों के बाद तुम
ज़िन्दगी में हासिल हुए
मेरे ख़्वाबों में तुम्हारे ख्वाब
तब जाकर शामिल हुए

मुझे अपनी जान समझकर
अपना एहसास बना लिया था
ज़िन्दगी होगी खूबसूरत बहुत
यह विश्वास दिला दिया था

यह दुनिया बहुत ही हसीन
लगने लगी थी तुमसे मिलने के बाद
सोंचा था छुपा लोगे मुझे दुनिया से
दिले राज़दार बन जाने के बाद

न जाने क्यों मिलने पर हमारे
ऐतराज़ था बहुत ज़माने को
शामिल हो गए सारे एक तरफ
रौंद डाला प्यार के आशियाने को

तुम खामोश रहे, मैं खामोश रही
जुदा कर दिए गए हमारे रास्ते
ज़माने ने छीना सब कुछ हमसे
और चुप बैठे हम उनके वास्ते

रीति, रिवाज, धर्म, जाति, देश
इश्क़ आखिर कहाँ देखता है
कोई पराया दिल के करीब होता है
ज़माने का दस्तूर रिवाजों को सजोता है

बदलते मौसमों की तरह
न कभी बदल पाए थे हम
वहीं रोज़ सजदा करते रहे
जहां से लौट आए थे हम

आज गंगा के दामन में छुपकर
हो रही हूँ तेरी सदा के लिए
बिन फेरे हम तेरे हो चुके हैं
अलविदा तस्लीम हो वफ़ा के लिए

53- मृत्यु के बाद श्राद्ध

जीते जी न रिश्ता निभाया गया
बाद मृत्यु के मनाते हो श्राद्ध
खूब पकवान बनवाये हैं तुमने
और पंडित लेंगे इसका स्वाद

ज़िंदा होते कभी हमारी सुध न ली
हर पल हम करते रहे इंतज़ार
अब क्यों परंपरा निभा रहे हो
क्या लोक लाज का आया है विचार

वृद्ध आश्रम पटक आये थे जीते जी
खड़े थे सामने अपना सीना तानकर
फिर अपनी दुनिया में मस्त हो गए
हमसे हमारी ही दुनिया छीनकर

दिल के अंदर ज़रा झांको और बताओ
कितना ख्याल तुमने रखा था हमारा
कभी खुल के न हमसे प्यार किया
न ख़ुशी से कभी हमें गले लगा लिया

हो गई थी कौन सी भूल-चूक हमसे
मरकर भी न अब तक जान पाए हम
आज तुम यह परंपरा निभा रहे हो
कैसे भूलें हम वे बेहिसाब गम

गर विचारों में तेरी आ गई हो शुद्धि
और मन से श्राद्ध मना रहे हो
तो दे जाओ किसी वृद्ध आश्रम में
सारे यह पकवान जो बना रहे हो

कई ज़िंदा लाशें तड़पती मिलेंगी वहाँ
सजा पाते होंगें न जाने किस कसूर का
जाओ बेटा उनके आँसू पोंछ डालो
शायद धुल जाएं किसी की आंसुओं से पाप

यही तुम्हारा सही पिंडदान होगा
विश्वास करो हमको भी मिलेगी तृप्ति
हमारी आत्मा तुम्हें आशीष देगी
और तुम्हें भी मिलेगी इन पापों से मुक्ति

∩|∩

54- क्यों अग्निपरीक्षा सीता देगी?

यह रीत न जाने कब से
क्यों चली आ रही है
युगों युगों से सीता ही
अग्निपरीक्षा देती आ रही है

राहों में अनगिनत चुनौतियां हैं
खुद से ही लाग है, लड़ाइयां हैं
विचारों को चुनौती दे रही हैं
अनोखी आस्तित्व की परछाइयां हैं

ज़िन्दगी में प्रकोप ऐसा है
कि थमने का कोई नाम नहीं
हर मोड़ पर वह मिल जाता है
जिसका सदियों कोई धाम नहीं

आर्थिक रूप से एक तरफ
सुरक्षा भी सुनिश्चित पाई उसने
पर पुरुषरुपी समाज ने उठकर
खड़ी कर दी हजारों उलझने

गुनाह क्या होता है उससे
कभी बताया जाता नहीं
उसकी कुर्बानियों के बदले
एहसान जताया जाता नहीं

अपना सर्वस्व जिस पर लुटाती है
वही छीनता है ख़ुशी उससे
अन्तहीन दिशा में अनमने मन से
कदम उठते हैं बेवजह उसके

स्त्री संबंधों को सजोती है मन से
अपनाती आई है सदा सदियों से
हाँ कुछ किस्से भी हैं अनचाहे से
कुछ चर्चे भी सूनी गलियों से

यूं तो स्त्री खूब सक्षम है
निर्णय क्षमता कमाल रखती है
पर दुनियादारी निभाने में
खुद ही खुद को तबाह करती है

रिश्तों की गर्माहट का अब
कोई मौल नहीं रहा शायद
परीक्षा देती आई है सीता सदा
नहीं बदलेगा ये जहां शायद

प्रेम, समर्पण, सहानुभूति
स्त्रियों का है अप्रतिम श्रृंगार
वह घर के आँगन की देवी है
मत बन मानव तू गुनाहगार

55- विश्वास पालनहार का

छोटा सा तेरा यह जीवन
कुछ काम बड़ा तू कर ले
न डर पथरीले राहों से
जोश अनूठा खुद में भर दे

छोड़ आलस और निद्रा
देख सूरज उग आया पूरब से
कितनी आँखें हैं पथराई हुई
लहर ख़ुशी की उनमें भर दे

छोटी सी असफलता से
क्यों इतना घबराता है
बिन प्रयास यश कब मिलता है
कुछ अनोखा करतब कर दे

मैं जब तक हूँ साथ खड़ी
न चिंता कर तू दुनिया की
अपने छोटे-छोटे प्रयासों से
मेरी ख़ुशी की गागर भर दे

तुझ में है मैंने जोश भरा
है सहनशीलता प्रेम भरा
साहस अटूट है शस्त्र तेरा
आग़ाज़ जीत की अब तू कर दे

सपने को हकीकत करता जा
दुनिया मानेगी लोहा एक दिन
ईश्वर में श्रद्धा इतनी है मेरी
हासिल होगी मंजिल भी एक दिन

56- वह माँ ही है

सींचा अपनी सांसों से
हमारी उभरती साँसों को,
रखकर गर्भ में महीने नौ
इस दुनिया में लाया जो
वह माँ ही है।

प्रसव की चाहे स्तन की
हर अनुभव को रूप दिया
सब पीड़ा सहकर जिसने
सिर्फ आनंद व्यक्त किया
वह माँ ही है।

आँचल उसका आश्रय है
चाहे तपती धूप या ठंडी हवाएं
जिसके वक्षस्थल के साये में
हम पल-पल आगे बढ़ते गए
वह माँ ही है।

आँचल पकड़कर जिसका हमने
चलना और बोलना सीखा
बच्चों के लिए जिसने सुख त्यागा,
जिसे देखकर हर दुख भागा

वह माँ ही है।
हमारी ख़ुशी की खातिर जिसके
होठों पे दुआएं रहती हैं
अपनों की छोटी आह पे जिसके
हर रोम तड़पती रहती है
वह माँ ही है।

झोली उठे हर मज़ार पर
मंदिर की चौखट पर माथा टेका
विनती करे ईश्वर से निस-दिन
अपनों के लिए उपवास रखा
वह माँ ही है।

जब कदम हमारे डगमग हों,
आंचल की छाया कर देती है
हमें सफल देखने की खातिर
अपने अरमान कुचल देती है
वह माँ ही है।

नज़र न लगे हमें किसी की
करती रहती है टोटके हजार
आंख उठाए कोई बच्चों पर तो
मातृशक्ति बनती ललकार
वह माँ ही है।

झूठे बहाने से पापाजी को मनाना
हमारी गलतियों को थोड़ा छुपाना
हमारी कामयाबी पर चौड़ा होना
और अपने आंसुओं को खुशी का बताना
वह माँ ही है।

जिंदगी के सफर में अक्सर
बंट जाते हैं आजकल परिवार
मतभेद से बनी दीवारों में जो
पड़ने नहीं देती है दरार
वह माँ ही है।

माँ जन्मदायिनी है हमारी
बिन उसके पहचान कहां
धड़कन हमारी ऋणी है जिसकी
जिसकी हर सांस गुलाम यहां
वह मां ही है

सृष्टि के हर रूप में, हर ज़र्रे में
"माँ" का अस्तित्व समाहित है
जो हर गुनाह कर दे मुआफ़,
निश्छल प्रेम की साहिल है,
वह मां ही है

भगवान की जीवित प्रतिमूर्ति है
सूरत और सीरत, त्याग में जो
कुर्बानी की मिसाल है मां
शत-शत नमन करूं जिसको
वह मां ही है

57- जीवनसाथी

प्रेम के आधार पर घर बनते और बिगड़ते हैं
फिर भी एक दूजे से बेपनाह मुहब्बत करते हैं

जीवनरुपी यह गाड़ी निर्मित है दो पहियों पर
आसां नहीं राहें इसकी, भारी पड़ी है कइयों पर

प्यार और संघर्ष राहों में दोनों को संबल देते हैं
इसके बलबूते पर ही मुश्किल राहें सर करते हैं

झुंझलाहट होती है जब जिम्मेदारी के बोझ तले
इक दूजे की हिम्मत बन दोनों मंजिल की ओर चले

अंधियारे गलियारों में बन जाते आंखें एक दूजे की
कदम बढ़ाकर बने सहारा थाम ली बाहें एक दूजे की

जब राहें लगती हैं मुश्किल हिम्मत कम पड़ जाता है
तब आंखों में एक दूजे का स्वप्न अनोखा छाता है

दुःख सुख गृहस्थ जीवन का, एक जरूरी हिस्सा है
सदियों से इंसान इसी में घिसता है और पिसता है

पर जिस आँगन में दो प्रेमी मिल गीत सुहाने गाएं
उस आँगन से दुःख भागे खुशियों की बहारें आएं

प्रकृति ने स्त्री और पुरुष दो सुंदर रूप सजोया है
जीवन की बगिया में मोती हार समान पिरोया है

एक दूजे के सारथी बन जीवन सार्थक कर जाते हैं
कदम मिलाकर चलने वाले नाम अमर कर जाते हैं

58- संघर्ष

अंधेरों में उजाले की एक किरण
जैसे सुबह के उगते सूरज को नमन

मेहनत की चक्की
कर दे रात की रोटी पक्की,
लक्ष को भेदने वाली ललकार
हर कदम पर करती है चमत्कार

काँटों में से फूलों को चुनना
सुनहरे भविष्य के सपने बुनना,
तूफ़ान में बाजी मारना
और चुनौतियों को ललकारना

अपने ईमान पर सदा टिके रहना
ऊपर वाले की रहमत कभी न भूलना,
तूफानों में पतवार संभालना
चढ़ते उतरते उफानों में हौसला न हारना

प्रकृति कहती है - संघर्ष करो
कहती है मंज़िल - संघर्ष करो
कर्मफ़ल कहते हैं - संघर्ष करो
कहती है हर परीक्षा - संघर्ष करो

संघर्ष भी प्रेरित करता है
हर जीत संभलकर कहता है
हर बूंद पसीने की, आंसू का कतरा
खून की गर्मी और हर स्वप्न सुनहरा

क्यों हार-जीत से डरते हो?
तुम रोज रोज क्यों मरते हो?
हर जर्रा जर्रा कहता है
हर सांस जो आहें भरता है

जीवन ज्वाला से डरने वालों
कदम फूंक चलने वालों
डर को जीतो! मत और डरो!
संघर्ष करो…! संघर्ष करो…!

59- बदलाव ज़रूरी है

उतनी ही हैं यादें
जितना लम्बा कटा सफर
ज़ख्म हैं खूब गहरे
पर कहीं-कहीं है मनहर

सपनों में है जीवन
हर किसी का उलझा हुआ
द्वंद्व युद्ध है अंतरात्मा से
कोई नहीं सुलझा हुआ

सीने की बढ़ती प्यास
भर न दे मन में खटास
अहंकार में खोये हैं लोग
नफरत से कैसे बुझेगी प्यास

पिपासा तो खूब बढ़ी है
प्रेम की नहीं अपितु द्वेश की
कर्म पथ से हट चुके हैं
रहन-सहन में गुरूता है क्लेश की

तस्वीरों के लाल रंग
क्यों खून से प्रतीत होते हैं
कितनी आहें हैं दबी हुई
कितने आँसूं नैया डुबोते हैं

अब हवा कुछ रुख बदल दे
नए सपने अब पंख फैलाएं
पीड़ा नहीं, प्रेम को पनपने दो
आओ एक दूसरे से गले मिल जाएं

बदलाव अब ज़रूरी है
जीवनशैली अब बदलनी होगी
सपनों के सहारे नहीं
अपनों के सहारे जंग लड़नी होगी

नीला आसमान पुकार रहा है
लंबा सफर है सबको बता रहा है
रिश्तों को अब समेट लो बाहों में
वक्त है रेत, फिसलता जा रहा है...

60- शिल्पकार

एक बुत, संगतरास से
अचानक एक सवाल कर बैठा
मैं ऐसा क्यों हूँ, मैं वैसा क्यों नहीं?
वे ऐसे क्यों हैं, वह मुझसा क्यों नहीं?

मुस्कुराकर शिल्पकार बोला
यह सब कर्मों का लेखा-जोखा है
हर बुत, एक खिलौना अनोखा है
जब तराश रहा था मैं बुत अनगिनत,
समानता की मुझमें भी थी चाहत
एक ही भाव थे, और एक ही फितरत

एक ही मिट्टी पर इंद्रधनुष की रंगोली
खिलती धूप, तन को छूती हवाएं,
सब थे, बेरंग, बेशक्ल, बेहिजाब क्या बताएं
पर वक्त क्या बदला, बदल गया संसार
कोई शोहरत, कोई दौलत का प्यासा निकला
लालची बुत आखिर पत्थर का नवासा निकला

पर ऐ बुत! तू ये उलझे धागे
सुलझाने में क्यों लगा है?
ज़िन्दगी दी है तुझे जीने के लिए

तू इसे उलझाने में क्यों लगा है?
चलते वक्त के साथ तू भी चल
पर अपना रास्ता कभी न बदल
दिल खोल कर तू सांस लेता जा
इन्सान है इन्सान बन और मुझे याद करता जा

यूं तो हर तराशे हुए बुत के दिल में रहता हूँ
पर मेरी पहचान खो गई है
तुझसे अपना ये दर्द कहता हूँ
ऐ बुत, कुछ बदलने की कोशिश न कर
इसे तू मुझ पर रहने दे
ये मेरा काम है, मुझे ही करने दे
खुद ही सुलझाने की कोशिश न कर
तू अपने कदम आगे बढ़ा
तेरे हर कदम पर, मैं हूँ तेरे साथ खड़ा

61- घड़ी व समय

घड़ी की फितरत भी अजीब है,
सदा ही टिक-टिक करती रहती है
ना खुद टिककर कभी बैठती है
ना दूसरों को चैन से बैठने देती है

समय है कि निकलता जा रहा है
गुजरता पल जिंदगी की मियाद घटाता है
चलो कल यह करेंगे, वह भी कर लेंगे
इसी धुन में इंसान अपना वक्त गंवाता है

बदलना होगा जीवन का आचरण
हर पल की कीमत खुद को समझाना होगा
वक्त रोके नहीं रुका है कभी, नादानों!
सशक्त, सकारात्मक कदम उठाना होगा

छोड़कर आलस व निद्रा का दामन
हर पल, हर दिन को रौशन करना होगा
खुद खुश रहो औरों को भी खुश रहने दो,
हर पल को तुम्हें खुशियों से भरना होगा

फिर देखो श्रृष्टि कैसे अपना रुख बदलेगी
विपदाएं चाहकर भी संग न टिक पाएंगी
खुद ही रास्ते सहज-सुलझ होते जायेंगे
हंसते खेलते ज़िन्दगी संवरती जायेगी

घड़ी की सूइयों की मानिंद चलते रहना
छुपा है इसी में ज़िन्दगी का फलसफा
तेरे ही हाथों में है सफलता की कुंजी
तेरे कदमों में ही है मंजिल का मर्तबा

62- क्या यह कलयुग की दस्तक नहीं?

यह मन के जुगनू हमें कभी अस्त-व्यस्त,
तो कभी मस्त-मस्त रखते हैं
लेकिन हम अंदर ही अंदर
कब भस्म हो जाते हैं,
पता ही नहीं लगता
कुछ मस्तकों के झुंड तो कहते हैं,
कि यह जमीन ही स्वर्ग है
सारा ब्रह्मांड इसी पर वास करता है
मगर कुछ लोगों की सोंच कहती है,
नर्क इससे बदतर कैसे हो सकता है?

कोई लम्हा हमें चुपचाप,
ज्ञान के मोती अर्पण करता है
लोग वर्षों से सीप में कैद,
सागर के थपेड़ों को सहते-सहते,
कब मोती बन जाते हैं,
उन्हें पता ही नहीं चलता
कुछ लम्हें आसमां बनकर,
छा जाते हैं वजूद पर
जहां चांद बादलों में छुप कर,
अपनी चांदनी संग अठखेलियां करता है

ऊपर सूर्य इतना तेजवान,
अपनी प्रकाश लिए सारी सृष्टि को,
सोने की चमक देता है
आकाश इतना विशाल और भव्य
चांद, सितारे, नक्षत्र, न जाने क्या-क्या
अपने सीने में लिए बैठा है
और पांव तले धरती, सहनशीलता से भरी
सारे जीवित जगत को संभाले,
न जाने खुद क्या-क्या सहती है
सृष्टि के ये सारे अंश इतने असीम
इन्हें कोई गुमान नहीं
न ही कोई अभिमान, भला कैसे?

और इस ब्रह्माण्ड में इंसान,
इस सृष्टि का एक संक्षिप्त अंश है
जो चांद और मंगल को अपने वश में
करने का दम भरता है
मगर व्यवहार में दोहरापन,
और खेलता है अनेकों दाव-पेंच
क्या किसी दैवीय शक्ति ने उसको
इसकी अनुमति दी है?
हर तरफ दुर्योधन और धृतराष्ट्र क्यों पनपते हैं?
क्यों कैकेइयों का राज है?
क्यों दशरथ की जुबान पर तालें हैं?
न कोई राम है, न ही कोई कृष्ण

न लक्ष्मण, ना ही कोई अर्जुन

कोई स्पष्टीकरण मांगे तो आवाज़ दबाने का चलन

बचपन के झूलों से लेकर अर्थी तक का चक्रव्यूह

वार्तालाप को उम्मीद से बहुत दूर

तर्क और विवाद में बदलते देखती हूँ

बेरहम ज़िन्दगी बच्चों के हाथों में रखे खिलौनों को

कब हथियार बना देती है, सोचती हूँ

क्या यह कलयुग की दस्तक नहीं?

इंसानियत की कोई बात नहीं करता

भयभीत है हर रेंगता साया

कहीं यह युग सचमुच, कलयुग तो नहीं?

63- "झूठ" जब बोल उठा

इससे-उससे सुनता हूं
उसकी-इसकी करता हूं
मेरा कोई ज़मीर नहीं
मैं फरेबियों पर मरता हूं

कौन गवाही किसकी दे
चंद सिक्कों में भी बिकता हूं
ठहराव न मुझमें ढूंढो
वादों से मैं पलटता हूं

सच जब जंग लड़ता है
दूर से मैं मुस्कुराता हूं
मेरा सलीका है निराला
मैं वजूद में उतर जाता हूँ

किसने कहा मेरे पांव नहीं
मैं सीना तानकर चलता हूं
हुनर मेरा शातिराना है
सच को झूठ में बदलता हूँ

अपना कोई किरदार नहीं
हर किरदार में मैं पलता हूँ
लालच और घमंड से पोषित हूँ
सदाचार से मैं जलता हूँ

सुविचारों ने मुझे लुटा है
नहीं विवेक मुझे गंवारा है
मैं मरता नहीं आसान मौत
फिर भी सच्चाइयों ने मारा है

64- विक्रम - चंद्रयान 3

आज रक्षा सूत्र "विक्रम" प्यारा
मामा के आंगन में उतरेगा
छूते ही मामा के पावन चरण
तिरंगा फिर शान से फहरेगा

देखो "विक्रम" मामा के घर
पांव ज़रा धीरे से रखना
चोट न लग जाए दोनों को
इसका भी ज़रा ध्यान रखना

कहना "मामा मैं आया हूं
दूर भारत की धरती से
लो संभालो अपनी राखी
लगाओ इसको छाती से

सही दिशा हमें सदा दिखाना
मानवता के हम अनुयाई हैं
बड़ी कुर्बानियां दे-देकर
आज यह जीत हमने पायी है

धैर्य व मेहनत रंग लाती है
सारे विश्व को बतला देना
तिरंगे की शान सदा रखना
शौर्य इसका जग में फैला देना

देखना, मामा हंसकर बोलेंगे
"विक्रम" तू है सबसे प्यारा
जिस देश से तू आया है बेटा
वह देश है सबसे न्यारा

चंद्रयान मेरी बांहों में उतर जा
कब से था इंतजार तेरा
मैं ऐलान आज करता हूं
भारत से रहेगा रिश्ता गहरा

हौसले रख बुलंद अपने
विश्व गुरु भारत बन जायेगा
बस एक जुट हो जाओ सब
राहें तेरी कोई रोक न पाएगा

————- जय हिंद! ———-

65- "हिंदी" मां भारती की बिंदी

"मां" जीवन का वह पहला अक्षर
हिंदी भाषा से ही आया था
परिभाषा, शिक्षा जीवन की
हिंदी ने ही सिखलाया था

परिचित है, मनोरम, मीठी भी
संस्कृत से उपजी भाषा हिंदी
अक्षम क्षणों के सारे उपाय
संजोए रखती है भाषा हिंदी

यूं तो मां भारती है सुशोभित
अनगिनत बोली - भाषाओं से
लेकिन हिंदी है सर्व प्रथम
ऊर्जा भरती है आशाओं में

भारत मां की शान बढ़ाती
संतों की वाणी है हिंदी
असीम साहित्य सागर जिसमें
भारत की संस्कृति है हिंदी

अनवरत जोश की यह धारा
बहती रहती है हर रग-रग में
हिंदी के समक्ष हैं नतमस्तक
ये ज्ञान की गंगा है इस जग में

मां के तेजोमय चेहरे पर
सोभित केसरिया बिंदी है
माता के वीरसुतों की भाषा
भारत की शोभा हिंदी है

66- प्रतिनाद

सब कुछ संभव है
यदि हम कुचले न गए
सांसारिक सुखों के
भयानक बवंडर के तले,

अनंत ब्रह्मांड से परे
संभावनाएं असीमित हैं
परंतु हमें ही तय करना है
हम किस ओर चलें,

ब्रह्मांड के हर एक स्पंदन में
कुछ न कुछ रहस्य है
उस अटल सत्य की खोज हेतु
आत्मचिंतन आवश्यक है!

हर परमाणु, हर अणु में
प्रतिध्वनि समाहित है कुदरत की,
सीमित परिकल्पनाओं से परे,
आसमां से परे, गहराई धरती की

घड़ी की टिक-टिक से सुदूर,
छुपा हुआ है एक रहस्य
प्रतीक्षारत बाहें फैलाए
अनछुआ और परमसत्य

पवित्रता अपनाने को आतुर
तन-मन जागृत कर देगी ये
ज्योतिर्मय जीवन की इच्छुक
आत्मज्ञान से भर देगी ये

आत्मज्ञान और जागृत मन
यही तो अंतिम सत्य है
ज्योतिर्मय पवित्र जीवन ही
नश्वर तन का लक्ष्य है

67- अगर कभी मैं मशहूर हो भी जाऊं

अगर कभी मैं,
मशहूर हो भी जाऊं
और मर जाऊं
वह शोहरत किस काम की
जिसको न मैं जी पाऊं

अच्छा है उससे,
हर पल जियूं
और हर पल मरूं
कुछ निशान छोड़ जाऊं
कुछ साथ ले जाऊं

उसकी अदालत से,
जब बुलावा आए
और मुझसे कुछ पूछा जाए
तो कुछ सवाल मैं भी कर पाऊं
सुकूं से जिऊं सुकूं से मर जाऊं

मैं ऐसा किरदार बनूं
कि ज्वाला में जलकर भी
मिट्टी में मिलकर भी
एक सैलाब सी उठे फिर से
कोई मेरी जिंदगी जिए फिर से।

68- क्रूरता मंजूर नहीं

देश की मानसिकता अब तो
दलदल में धंसी हुई है
दौलत-शोहरत की आग है
फिजाएं धुएं से भरी हुई हैं

उन जल्लाद खूनी हाथों को
कौन भला अब काटेगा
जब इज्जत का रखवाला ही
आंखों पर पट्टी बांधेगा

क्यों नहीं दहला दिल ठेकेदारों का
जब अबला नारी नंगी नोंची गई
उनके दोगलेपन की हद तो देखो
हत्यारों को ही कुर्सी सौंपी गई

अब किससे कौन गुहार करे
कलयुग की द्रोपदी किसे पुकारे
कौन ढके तन इस अबला की
श्याम जो तुम गोलोक सिधारे

सत्ता खामोश है या मदहोश है,
अपनी शोहरत साबित करने में
किससे उम्मीद रखें अब नारी
क्या किस्मत है उसकी जलने में?

नहीं नार! यह क्रूरता मंजूर नहीं
शस्त्र तेरा, तुझे खुद बनना होगा
खड़ग उठा चंडी का रूप ले
अब दानव प्रवृति को मरना होगा

जो काली न बन सकी नार तूं
कौन हतेगा जल्लादों को
अस्मत पर उठे जो हाथ काट दे
सीख दे अपनी औलादों को

एक विकल्प बचा है नारियों
आत्मरक्षा का कवच ओढ़ लो
खुद का कद हो इतना प्रशस्त
कि हैवानों की राह मोड़ दो

त्याग दे कायरता, सक्षम बन
छीन ले जननी का अधिकार
अब अपना अस्तित्व बचा ले
मिटा दे दुनिया से अंधकार

ए नार, तेरे कद के आगे
दुनिया को अब झुकना होगा
बलात्कार करने वालों का
तुझको ही वध करना होगा.....

@मणिपुर घटना

⌒|⌒

69- हर चिड़िया फिर से चहकेगी

यह दुनिया फानी है
अजब इसकी कहानी है
मंजर इसके तूफानी है
अलग इसकी रवानी है

पग पग यहां पथरीले हैं
सब के मन ज़हरीले हैं
बेबसी की दलीलें है
ठंडी रक्त की झीलें है

सोचते है हम रम जाएंगे
धाराओं संग बह जायेंगे
सुलभ सुलझ राह पाएंगे
निगाहों में बस जायेंगे

पर टेढ़ी-मेढ़ी गलियां हैं
मुरझाई हुई कलियां हैं
आक्रोश भरी अँखिया हैं
नफरतों की नदियां हैं

160

मकसद अपना जब ढूंढोगे
हंसरतें भी कम कर लोगे
नफरत की गांठें खोलोगे
प्यार भरी बोली बोलोगे

और नहीं ज्वाला भड़केगी
फिर देखो बगिया महकेगी
रूह न कलियों की दहकेगी
हर चिड़िया फिर से चहकेगी

70- समंदर में सिमटना है

गर मिलती मोहब्बत दुकानों पर
दीवारें घरों की चमकदार होती
ना होता नामो निशां नफरतों का
ज़र्रे-ज़र्रे में इंसानियत बेदार होती

हाथ उठाते हुए आसमां की तरफ
उंगलियां न जाने क्यों थरथराती हैं
भरे पड़े हैं कब्रिस्तान मुर्दा ज़मीरों से
न पूछो खुदाई क्यों रूठ जाती है?

दबे पांव खिसकती रहती जिंदगी
गोया हिसाब रखती हो सांसों का
शुमार होते हैं लोग बस काफिलों में
वरना तन्हां सफ़र है जिंदा लाशों का

आंखें रहती हैं खुली जब तलक
ख्वाहिशें रंग बदलती रहती हैं
काश होता इख्तियार मौत पर भी
इसी सोच में उम्र ढलती रहती है

इस दौर में मोहब्बत तो दूर
महंगे हो चले हैं दुआ सलाम भी
हर बाजार में अच्छाई शर्मिंदा है
जमींदोज है और गुमनाम भी

मकसद नहीं है ज़ख्म कुरेदने का
न जज्बातों से खेलकर तड़पना है
फलसफा जीवन का नदियों सा है
टूटकर आखिर समंदर में सिमटना है

71- हम निर्जीव नहीं

धरती का अस्तित्व है जितना पुराना
उतना ही पुराना हमारा इतिहास है
प्रकृति से ही था अस्तित्व हमारा
आज यह अस्तित्व मात्र परिहास है

सर से पांव तक हरियाली ओढ़े खेत
रुख देते आये हैं मतवाली हवाओं को
लंबी सफेद चादर में लिपटा हिमराज
पथ देता आया है बागी धाराओं को

धूप छांव हमसे है, हमसे बाग बगीचे
हमसे शर्दी, गर्मी, बारिश और बसंत
हम भी तो हैं वचनबद्ध जीवन रक्षक
पर त्रेतायुग से सुप्तप्राय ज्यों जामवंत

सृष्टि संतुलित रखना जिम्मेदारी है
हमसे अलग नहीं कुछ ये है परमसत्य
सबका है प्रतिभाग प्रबल ये सूचित हो
सूक्ष्मजीव भी कुदरत का है परमअंश

विकास के नाम पर धरती को लूटा
कंक्रीट के जंगलों का तू रहिवासी है
खोटे सिक्कों में बिके गांव के हर रस्ते
शहर और कस्बों का रोता प्रवासी है

तू निर्जीव नहीं, जीवन का प्रतिभागी है
अहम अंश है ईश्वर का पर है अनजाना
मायाबस है तेजहीन मुरझाई काया
भूल गया हो जैसे खुद को ही अपनाना

72- अंतिम इच्छा, अंतिम पल

अदृष्य रूप से प्रकाशमान रथ
उसके द्वार पर जब रुक गया
आँखें प्रसन्न थी, मन दुविधा में
शीश यम चरणों में झुक गया

आदर से यम ने पूछ लिया जब
दुविधा में देखा अर्धमृत काया
"क्या हुआ ए मानव, समय आ चुका
चलो संग, छोड़ मिट्टी की माया

बोल उठी आत्मा....

अंतिम बार बंधनों को पुख्ता कर दूँ
फिर चल पड़ूं मैं अपने रास्ते
मायाजाल इस जन्म में जो बिछाया है
समझा दूँ उन्हें कैसे निभाएं रिश्ते

दृढता भर दूँ उन सबके मन में
ये धरती पर जो ज़िंदा मेरे अंश हैं
आशीष इन्हें सत्य व निडरता का दूं
आखिरी कर्तव्य निभाऊं, ये मेरे वंश हैं

कह दूँ उन्हें न कोई विलाप करे
अनन्त सफर शुरू मेरा होना है
वापिस आऊँगी किसी नए रूप में
आत्माओं का संबंध सजोना है

ज़िन्दगी की दौड़ में मैं हारी नहीं कभी
ये जज़्बात इन पर चिन्हित कर दूं
धरोहर इस खानदान की बनी रहे
ऐसे कुछ मूल्यों से सब के मन भर दूं

काया त्यागने का प्रभु अफसोस नहीं
जानती हूँ जीवन-मरण की लीला को
पर वादा करो अंतिम इच्छा पूरी करोगे
अगले जन्म में भी यही मेरा कबीला हो

73- मर्यादाओं से बंधे "राम"

कौशल्या के नैन भरे थे
टूट गए सीता के सपने
अटल प्रतिज्ञा लक्ष्मण की थी
विचलित हो गए सारे अपने

शर्त में जकड़े थे राजन
छोटी मां को वचन दिया था
मैं कैसे उस वक्त मुकरता
मर्यादा ने बांध लिया था

मेरे इम्तिहान की घड़ी थी
इर्ष्या, फन ताने खड़ी थी
एक मां वचन पर अड़ी थी
धरोहर पर आन पड़ी थी

वचनबद्ध थे वृद्ध पिता
मन मेरा भी विचलित था
करता किसकी अवहेलना
रघुकुल का पुण्य संचित था

168

कैकई मात्र बनी थी माध्यम
पुत्र मोह था एक दिखावा
मेरे समक्ष धर्मसंकट था
पिता का मोह न बने छलावा

युगपरिवर्तन की बेला थी
धर्म का मान बचाना था
नारायण से नर होना था
रमता को राम बनाना था

पति, पिता, पुत्र मर्यादा
पुरुषोत्तम को जीना था
नारी की प्रतिनिधि बनकर
सीता को परीक्षा देना था

रावण तो है एक प्रवृत्ति
जो समाज पर भारी है
अहंकार पहचान है जिसकी
जिससे मन की यारी है

शिवभक्ति थी अटल असुर की
पर कुविचार हुए घातक
पुण्य स्वयं मर जाता है
जब उदय हो गए हों पातक

जब-जब रावण प्रबल हुआ
और मन में असुर समाए हैं
तब पर्यादा की पाठ पढ़ाने
श्रीराम धरा पर आए हैं

74- ज़िंदगी की दस्तक

ज़िंदगी पास खड़ी कहती है
मैं तेरी अपनी हूँ बुलाओ मुझे
गुजर जाउंगी मैं वक़्त की तरह
बेफिकर न बनो, अपनाओ मुझे

औरों की सीरतों पर, सुनो!
तुम ऐसे ढोल बजाना छोड़ दो
कांटो से नफरत करने वालों,
मासूम फूलों को रिझाना छोड़ दो

मैं तुम्हारी हूं, या नहीं हूँ
झांको भीतर और एहसास करो
चर्चों का हिस्सा बनना छोड़ दो
दबे संकल्पों पर विश्वास करो

हर किरण करती है इशारा तुम्हें
आंख मूंदना कोई विकल्प नहीं
उलझ जाओगे तुम विचारों में
सुलझना भी कोई संकल्प नहीं

मिलकर तुम खुद से सवाल पूछो
और जियो कोई नया अफ़साना
जलवानुमां होना करामात नहीं
बस जरूरत है खुद को समझाना

जिंदगी इतनी भी दुशवार नहीं
थोड़ी थोड़ी कमी होती है सब में
पहचानों सही और गलत क्या है
रखो भरोसा बस अपने रब में

मैं दस्तक दे रही हूं सुनो गौर से
जानो मुझे और बखूबी पहचानो
न यूं वक्त गवाओ मदहोशी में
उठो एक बार मुझको अपनाओ

75- राखी सिर्फ एक धागा नहीं

कहने को आज राखी से सजी थाली है
पर वक़्त आजकल एहसासों से खाली है

पवित्रता आजकल स्टेटस से तौली जाती है
चमक-धमक की भाषा ज़्यादा बोली जाती है

झोपड़ियों के दर पर पाँव पीछे थम जाते हैं
अमीर रिश्ते गरीबों के दर पर कम जाते हैं

रिश्ते मापे जाते हैं तिजोरियों के वजन पर
मरहम कौन बने किसी गरीब के बदन पर

मन के सच्चे बंधन अहं ने सब तोड़ डाले हैं
चकाचौंध से भरे रास्ते अनोखे मोड़ वाले हैं

बहनें आज भी करती हैं भाई का इंतजार
सांझ लाती है निराशा, मायूसी और इनकार

राखी सिर्फ धागा नहीं यह सुरक्षा का वचन है
प्रेम का दर्पण है और अपनों का रूठा मन है

नसों में एक ही खून है और कोई राज नहीं
भाई बहन का बंधन, पैसों का मोहताज नहीं

76- बचपन

जब मैं छोटी बच्ची थी
खुशियां बिल्कुल कच्ची थी
खिलौनों संग खिलखिलाती थी
जूठ फरेब न बुन पाती थी
न कोई समझ दुनिया की थी
कच्ची मिट्टी मेरी साथी थी
बारिश की बूंदें लुभाती थी
यारों दोस्तों को में भाती थी

डाल डाल झूला झूलती थी
अपनी मनमानी चलती थी
झूठे आंसू अक्सर बहाती थी
बदले में प्यार अपार पाती थी
चंचलता तितलियों जैसी थी
फूलों जैसे सदा महकती थी
परिंदो संग जगती-सोती थी
चांदनी की चादर ओढ़ती थी
बेफिक्र नींद रात को आती थी
ख्वाबों में भी दौड़ती भागती थी

वह वक़्त न जाने कब ठहर गया
बेफिक्र ज़िंदगी जीने का पहर गया
अब लफ्ज़ सीने में उलझे-उलझे हैं
सवालात भी कई अनसुलझे हैं
कोई लौटा दे वो पल बचपन के
पवित्र और पावन अल्हड़पन के
मासूम ज़िन्दगी एक बार फिर जियूं
खून के आँसू अब और न पियूं

77- बोल उठी प्रतिमा

आज जब खुद को खड़ा पाया
उस विशाल प्रतिमा के आगे
नाम था जिनका वल्लभ भाई
पटेल लगता था नाम के आगे

नतमस्तक मैं खड़ी थी
लोह पुरुष के सामने
अचानक से यूँ लगा कोई
अदृश्य शक्ति लगी हो बोलने

धीमी आवाज़ में वे बोल उठे
"क्या ढूंढ़ रही हो तुम मुझमें?"
सिर्फ निर्जीव मेरी प्रतिमा है यह
जग छोड़ चुका हूँ मैं कब से

खूब संगर्ष से मैं लड़ा था
भारत के अस्तित्व के लिए
औद्योगिक विकास, उदार सरकार
जी रहा था मैं स्वप्न लिए

आत्मनिर्भर होना ज़रूरी था
देश में उत्पादन बढ़ाना था
पर आचार संहिता दांव पर होगी
यह न मैने कभी जाना था

वे कह रहे हैं सीना ताने
देश खूब तरक्की कर रहा है
मैं भी कहाँ इसको नकारता हूँ
पर आम आदमी क्यों मर रहा है

अनैतिकता के मुखौटे पहने
क्यों चाल स्वार्थ की प्रचलित है
देश की ऐसी व्यथा देखकर
मेरा भी मन विचलित है

सिर्फ पूंजीवाद पनप रहा है
गरीब भूखमरी पाल रहा है
तरक्की कोई दीमक तो नहीं
देश की जड़ें जो चाल रहा है

देश की पूंजी यूं बहाकर
मेरी प्रतिमा जिसने बनवाई है
वे सोच रहे मैं सम्मानित हूं
पर मैने नींद गवाई है

प्रतिमाएं पेट नहीं भरती
समझाओ इन सरकारों को
आवाज सुने कोई मेरी
समझे गरीब लाचारों को

मेरा पैगाम उन तक पहुंचा दो
आम जनता जिन्हे अपना कहती है
भरोसा तुम पर किया है जिसने
तुम्हें मसीहा जो आज भी समझती है

सही जगह निवेश ही
देश की जी. डी. पी. बढ़ाता है
फलता फूलता है जब किसान
अमीरों की थाली सजाता है

उत्पादन व सही निवेश
यही दो मज़बूत हाथ हैं
कोई बाधा नहीं तरक्की में
जब तक इन दोनों का साथ है

बदल दो अपना रणनीति
ढूंढ़ो विकल्प, देश खोखला हो गया है
आमआदमी को और न उलझाओ
पस्त अब उसका हौसला, हो गया है

इतना कहना था उनकी प्रतिमा का
की अजीब सन्नाटा हरसू छा गया
मैं भी तो बेजान भीड़ का हिस्सा हूं
सोचकर आंखों में आंसू आ गया

78- छोटे मकानों के रोशनदान

कहाँ गए वे छोटे मकान
और उनके छोटे रोशनदान
जिनसे आती थी मदमस्त हवाएं
रोशन होती थी चारों दिशाएं

कच्ची दीवारों की तरह
दिलोमदिमाग भी कच्चे थे
बाहर से बड़े दिखने वाले
अंदर से सब बच्चे थे

उमीदों से दिल भरे हुए थे
खलिश नहीं थी अपनों से
जज़्बात दिलों को सहलाते थे
घायल नहीं थे सपनों से

छोटे थे रोशनदान मगर
हर दिल में उजाले गहरे थे
मस्ती में इठलाते मौसम
न मुस्कानों पर पहरे थे

अखलाख छलकता आंखों से
इज्जत की रोटी खाते थे
नफरत की चिंगारी न कभी
ख्वाबों के फसल जलाते थे

फितरत न रंग बदलती जो
अल्फ़ाज़ नहीं घायल करते
सीनों में खार नहीं उगते
और कभी नहीं पल पल मरते

अंधी दौड़ में प्यार खो गया
गुमसुम सी है चारदिवारी
बड़ी हो गई खिड़की घर की
छोटी हो गई सोच हमारी

79- शमु आज भी ज़िंदा है

वह उसका बात-बात पर मुँह फुलाना
पांव पटकना, ज़िद्द पर अड़ना
एक ही बात की रट लगाना
तुनककर बैठना, बेवजह रूठना
छोटी-बड़ी बात पर चिढ़ जाना
मनमानी करना, किसी की न सुनना
कुछ और सोचना पर कुछ और करना
कुछ मचलना, कभी ज़िद्द पर अड़ना
मनाने पर भी नहीं मानती थी
शमु के नखरे, शमु ही जानती थी

कभी - कभी मनाने पर
अनमने मन से मान जाती थी
अगले ही पल पुनः रूठ जाती थी
फिर अपना सर झुकाकर
जमीन और दीवारों को घूरती थी
खाली आसमां में न जाने क्या ढूंढती थी
फिर मन ही मन मुस्कुराती थी
मानो जान-बूझकर सताती थी
लोग कहते --- जब थक जाएगी,
खुद से रूठने वाली, खुद ही मान जाएगी
फिर भी थी वो सबके समझ से परे

यह बात भी वह,
झुंझलाकर मानती थी
शमु के नखरे, शमु ही जानती थी

गुस्से में थरथराती आवाज सुनकर
मां, रसोईघर से बाहर आती थी
नन्हीं परी की हालत पर मुस्कुराती थी
और अपने आटे में सने हाथों से
शमु के माथे को सहलाती थी
मां हमेशा प्यार के फूल बरसाती थी
गीले आँचल से उसके आंसूं पोंछती थी
उसे गुस्सा करने से हमेशा रोकती थी
कभी-कभी मीठी वाली डांट लगा देती थी
कभी-कभी रोने वाली को और रुला देती थी
"बच्चे ऐसा नहीं करते" प्यार से समझाती थी
कभी खिलखिलाती,
तो कभी नागिन सी फुफकारती थी
शमु के नखरे, शमु ही जानती थी

अनजान काली रातों से बेखबर
भविष्य की कुटिल चालों से अनजान
कभी चपला सी चंचल, कभी छुईमुई बेजान
चमकती आंखों से सितारे बिखेरने वाली
दिन भर तितली सी उड़ती रहती है
हर छोटी बच्ची मुझे शमु सी लगती है

उम्र की धूप में सिकुड़ी झुर्रियों के नीचे
मुश्किलों में ढले दिन और रातों के पीछे
रिश्तों के बदलते आयामों से हटकर
उम्र के कई पायदानों पर चलकर
टूटते बिखरते और संवरते हैं जज्बात लेकिन
दिलों में आज भी बचपन ताबिंदा है
हर शख्स के भीतर,
शमु आज भी जिंदा है

जब तालाब के पानी की तरह,
मेरी धड़कनें शांत रहती हैं
मेरे अंदर की शमु मेरे कानों में कहती है
तुम लाख बहाना कर लो उम्र का
बेशक तुम प्रबुद्ध हो चली हो
इस जर्जर काया में अवरुद्ध हो चली हो
परंतु आज भी तुम झूठ की तरह सच्ची हो
अकेले में अपने भीतर आज भी तुम बच्ची हो
आज भी तुम अपनों से खुद ही रूठ जाती हो
कोई न भी मनाए, तुम खुद ही मान जाती हो
उड़ना चाहती हो खुले आसमान में
लेकिन तुम्हारा मन परकटा परिंदा है
फिर भी अपना सकती हो मुझे,
तुम्हारे दिल में, शमु आज भी जिंदा है।

80- दर्द से दायित्व तक

घर आंगन के तिनकों में
यादें बसती हैं अपनों की
सदियों से तामीर हुई है
चारदीवारी सपनों की
देवदार इतने उदार हैं
हल्की हवा झुका देती है
हरियाली के सारे किस्से
तितली रोज सुना देती है

सूरज की आहट से वादी
दुल्हन सी सरमाती है
ओढ़ सुनहरा घूंघट ज्यों
सोते को प्रभा जगाती है
किलकारी बच्चों की गूंजती
अटल हिमालय की बाहों में
जर्जर जीवन सो जाता था
हिम आच्छादित आहों में

पर सोए थे शिव सचमुच
पीड़ितमन कहना पड़ता है
निर्भय शिवभक्तों को नाहक
अपनों से डरना पड़ता है
अंधियारे रातों में चमकती

खून की प्यासी तलवारें
काले सायों से सहमी थीं
धरा-स्वर्ग की दीवारें

बही खून की धाराएं
और मासूमों की जान गई
खोया था सिंदूर किसी ने
किसी की सूनी गोद हुई
रात भयानक थी लंबी
सूर्योदय भी मुश्किल था
कहीं उजाला हो न जाए
सोच सोच सहमा दिल था

रात की चादर ओढ़ चले
घर आंगन सब छोड़ चले
पांव के छाले पूछें कैसे
सब्र बचा था खोएं कैसे
तपती राहों में जलना था
सफर हमें अब तय करना था
शून्य से अस्तित्व तक
दर्द से दायित्व तक........

भूख प्यास की खबर किसे
जीना मरना बेमानी था
सूखे आंसू रब जाने
खून पसीना पानी था

खोई थी पहचान यहां
सब कुछ खोने वालों की
संभल रहा था आत्मसंतुलन
कल तक रोने वालों की

दर्द में डूबा हर घायल मन
एक चूल्हे का कुनबा था
निस दिन जिनके साथ कटे
उनसे जीवन का रूतबा था
जगा आत्मबल पुनः उठा
तो एक नया सम्मान मिला
जख्म कुरेदने की खातिर
विस्थापित का नाम मिला

मूलभूत सुविधा से वंचित
विस्थापित फिर से बदले
फिर बदले पहचान हजारों
घर आंगन रिश्ते बदले
कुछ ने हेय दृष्टि से देखा
कुछ ने हमें संभाला था
कुछ रातें ज्यादा काली थी
कुछ दिन अधिक उजाला था

फिर जीवन सामान्य हुआ
फिर से जीने की ठानी थी
हम "कश्मीरी पंडित हैं"

दुनियां को बात बतानी थी
खुद संभले हम और संभाला
भर कोशिश सब अपनों को
फिर सच करने की बारी थी
टूट चुके हर सपनों को

भूखे पेट से उपकार तक
तिरस्कार से सत्कार तक
इंसानियत को जी रहे थे
तार दामन सी रहे थे
जीते जी जो मर चुके थे
रास्ते तय कर चुके थे
अपनों से अपनत्व तक
दर्द से दायित्व तक ......

खुद से ऊपर उठकर देखा
तो जीवन को उनवान मिला
हर जाना पहचाना चेहरा
खुद से ही अनजान मिला
हर गरीब की आहों में मैं
कश्मीरी को देख रही थी
वक्त ने बहुत सिखाया था
पर नए सिरे से सीख रही थी
कहीं स्वेतवस्त्र में लिपटे
बर्फ से ठंडे ठेकेदार
कहीं राम का पहन मुखौटा

फिरता रावण का अवतार
किसी के छूरे पर अंकित है
अल्ला हू अकबर का कलमा
कोई खालिस्तान को रोता
दलित ब्राह्मण, हिंद मुसलमां

कहीं लुटी हैं अबलायें
तो कहीं जलाई गई बेटियां
किसी की मजबूरी पर गुंडे
सेंक रहे हैं अपनी रोटियां
नवयुवा गुमसुदा हो गए
सोशल मीडिया के जंगल में
कूद रहे हैं आंख मूंदकर
नादान परिंदे हर दंगल में

कलम को धार लगाती हूं नित
सबकी नींद उड़ानी है
विश्वगुरु भारत है तो
इसकी गरिमा लौटानी है
महिलाओं को सबल देखना
चाहत है इन आंखों की
खुद को अंदर से बदलो
फिर बातें करना लाखों की
सोते को पुनः जगा देंगे
इंकलाब फैला देंगे
सब्र फिर आजमाओं मत

फिर से आग लगाओ मत
जीवन का मुद्दा बस यही है
कहना है जो भी सही है
व्यक्ति से व्यक्तित्व तक
दर्द से दायित्व तक......

लेकिन कभी तन्हाई में
टीस अजब सी उठती है
रातों की चांदनी रानाई में
आत्मा अक्सर पूछती है
क्या न्याय नहीं होगा तेरा
कौन दिलाएगा अधिकार
क्यों अपनी ही जनता को
विस्थापित रखती सरकार

तब ज्वाला जल उठती है
आंखों से खून बरसता है
फिर जन्मभूमि की यादों में
अंतरमन खूब तरसता है
कभी कभी आंखों का दरिया
मन के मैल मिटा देता है
छोटी बच्ची बन जाती हूं
गहरी नींद सुला देता है
और सुबह का सूरज फिर
अंगार सजाता माथे पर
शक्ती का तिलक लगाती हूं

ज्यों लाल स्याही माथे पर
भारत माता के दामन में
मेरी ये प्रतिमा गर्वित है
महाकाल की बेटी हूं मैं
मेरी जीत सुनिश्चित है

देश की बेटी अबलाओं की
लाज बचाओ तो जानें
भूखे गोर गरीबों के
अधिकार दिलाओ तो जानें
मेरा हक लौटाओगे क्या
इनके हक लौटा दो तुम
देश के बेहतर नेता हो तो
ये प्रतिभा दिखलाओ तुम

मेरी बस इतनी है चाहत
छोटा मन छोटी सी हसरत
भारत हो अपना अखंड
और मिट जाएं सारे पाखंड
फिर से कदम बढ़ाऊं मैं
पराशक्ति बन जाऊं मैं
भौतिकता से सत्व तक
दर्द से दायित्व तक......

सफ़र के दौरान

81- जो पाक हैं तस्दीक कर दें

दुनिया को क्यों जला डाला है
बदलती इंसान की फितरतों ने
तोहमत लगाना रिवाज है क्या
वक़्त गुज़रता है अब साजिशों में

किरदार बदलने का दौर है यह
पुरज़ोर परेशानी का दौर है यह
दर्द और घुटन से भरे हैं चेहरे
हर शख़्स उलझा है अब गर्दिशों में

बुलंदियां छूने की हसरतों ने
गिराया है ज़मीर मसर्रतों ने
खूनी दरीचे चमकते हैं हरसू
छुपे हैं सवालात खामोशियों में

सफेद लिबासों में कमज़र्फ चेहरे
सरेआम बिकते हैं सपने सुनहरे
दुआ मांगते हैं हरे ज़ख़्म देखो
छुपकर के रातों की तन्हाइयों में

अदना सा मुफलिस हूं तौफ़ीक कर दे
जो पाक हैं आज तसदीक कर दें
उलझा ज़ेहन है परेशान दिल भी
गुम सा हूं इन काली परछाइयों में

82- दो पहलू

कहां फरिश्ते हमसे जुदा हैं
बस उनके सीने में रहता रब है
हमारी फितरत बदलती रहती है
ज़ेहन में रहता "क्यों और कब" है

दुआएं जिनकी असर करती हैं
रुह में उनकी पाकीज़गी है
रंगीनियां, पहनावा एक धोखा
हो चुकी मैली इनमें सादगी है

बिछी हो चाहे ओस कितनी भी
प्यास रेगिस्तान की बुझती कहां
सूखे दरिया कितने भी बड़े हों
कमी घरौदों की खलती वहाँ

कमी कहाँ कमियां गिनने वालों की
तीक्ष्ण हैं नजर बुरी नजर वालों की
फरेब से जिनका दिन जागता है
वही मुझसे सच का प्रमाण मांगता है

माथे के शिकन पर सवाल खड़े हैं
लोग जज़्बात छुपाने को कह रहे हैं
ए परखने वालों सुन लो जरा तुम
दबे एहसास मेरे अश्कों में बह रहे हैं

बिना जिल्द की किताबों से अक्सर,
वक्त बेवक्त सफहे चुराए जाते हैं
जब मिलता है साथ लेखनी का
बोल पड़ते हैं किस्से जो छुपाए जाते हैं

हर सिक्के के होते है दो पहलू
सही गलत की क्या पहचान है
किसके हक में क्या फैसला हो
समय ही जाने, समय का सोपान है

83- सुकून

मुफलिसी में सकून पाया हमने
दर-बदर सर न झुकाया हमने

हैं मुसाफिर कई रास्तों के हम
फिर भी एक दूजे को सताया हमने

बारगाह-ए-खुदा साहिल है सैलाबों में
सौंप दिया उसको सरमाया हमने

जिंदगी दौड़ -धूप से भरी थी मगर
अक्सर हौसलों को आजमाया हमने

बिन चिराग भी सफहे पलटते रहे
अंधेरों में भी बहुत कुछ पाया हमने

पसीने को नसीब मान लिया है जबसे
वक्त को न किया कभी ज़ाया हमने

हर कदम पर हमारे नजर थी उनकी
फिर भी रिश्तों को निभाया हमने

कायम रहना है तिलिस्म-ए-दुनिया में
जीतकर दुनिया को दिखाया हमने

84- पुरउम्मीद - कुछ नई बात हो

अब न करिए याद उन भूली बिसरी बातों को
कुछ पल तो ठहरिए, कुछ नई बात हो
सजी हैं ये महफिलें, इनके अंदाज खोखले हैं
थोड़ा सा संभल जाएं, तो कुछ नई बात हो

वक्त बचता ही नहीं, खैरियत कोई क्या पूछे
फुरसत के पल नहीं हैं, कैफियत कोई क्या पूछे
हवाओं में मौसिकी हो, तो रवां जज़्बात हो
गुनगुनाएं फिज़ाएं भी, तो कुछ नई बात हो

लफ्जों से बुने चादर में, छुपा रक्खे हैं खंजर
सरेआम कत्ल करते हैं, कयामत है ये मंजर
अश्कों से न धोना पड़े, ऐसी कायनात हो
रूह के छाले हों कम, तो कुछ नई बात हो

बेवफाई ने जो थामा, हाथ अब जफ़ाओं के
सूरत बदली, सीरतें भी, दम घुटे वफाओं के
बुझने लगी है लौ दिए की, फिर न रात हो
फिर सवेरा हक में हो, तो कुछ नई बात हो

मिलीं हैं सफर में हमें, बेपनाह खरोंचे अगर
मुस्कुराए जख्म मेरे और किया जीवन बसर
कहकहे महफिल में हों, हजार सवालात हों
पर फरेब न छल पाए, तो कुछ नई बात हो

छलक उठे सागर भी, गले लगाइए शाम को
रंगीं मिजाज है ये शमां क्यों तरसिये जाम को
निकल आए दूर बहुत, पर यूं मुलाक़ात हो
फिर जिएं लम्हें हसीं, तो कुछ नई बात हो

85- बहुत हो गया

आज मैं खुद को जरा खुद से मिलाऊं
बहुत हो गया
अपने ही रंग में अब मैं रम जाऊं
बहुत हो गया

हौसले पस्त कर दिए मेरे औरों के तीरों ने
अब बुलंद हौसला खुद ही करूं
बहुत हो गया

औरों के इशारों पे खुद को मैने नचाया बहुत
अपने इशारों पर अब मैं नाचूं
बहुत हो गया

है बसाई रंगीनियां ज़माने ने मुझे मोहरा बनाकर
पट्टी आज आंखों से हटा दूं
बहुत हो गया

मोहलत न मिली थी कभी खुद को जानने की
नींद से अब खुद को जगाऊं
बहुत हो गया

खोया बहुत कुछ मरे जमीरों की तामीरदारी में
नए कदम, नई मंजिलें पाऊं
बहुत हो गया

दूरियां उनसे रखूं जो न थे मेरे हमकदम कभी
बेहतर है मुसाफिरों से मिलूं
बहुत हो गया

आज होश में आयी हूं सारी जफाएं करके दफन
नई परवाज के लिए पंख फ़ैला दूं
बहुत हो गया.......

86- ख्वाहिशें

ख्वाहिशें क्यों दिल से नहीं फना होती
पूरी हुई जो एक, दूजी इब्तिदा होती

कोशिश है मुकम्मल, रूह को सुकूं मिले
पर न जाने क्यों खुद से नहीं आसना होती

नर्म बिस्तर, गलीचे व रंगीन परदे भी हैं
रातों में क्यों नहीं, नींद हम-नवाँ होती

लाख अरमानों से हम बनाते हैं कस्तियां
वक्त के दरिया में कस्ती नहीं रवां होती

चल ए दिल फिर से तू नई तदबीर बना
ख्वाहिशें तेरी जब तक नहीं जवां होती

87- बदले बदले से रुख

गर गुलिस्तां गुलों से गुलज़ार है
इंसान इस समा से क्यों बेज़ार है

कैद हैं चारदिवारी में खामोशियाँ
बेजान इमारतों में घर नहीं दीवार है

आफताब तू जरा छुप जा बादलों में
सांस घुटती है जिस्म भी तार-तार है

दफ़न हैं ख्वाहिशें ज़िंदा लाशों में
तन्हाइयों में ही मिलता अब करार है

सफ़हे खुली किताबों के तड़प रहे हैं
मरे ज़मीरों का जैसे बिछा मज़ार है

ए वक़्त तू तो कभी थमता ही नहीं
थमी सी क्यों लग रही तेरी रफ्तार है

न बची कोई उम्मीद रिश्ते नातों से
न जाने यह दिल फिर क्यों बेकरार है

88- अलग अंदाज़

साज़ हूँ मैं, एक आवाज़ हो तुम
ज़ेहन में छुपे हुए अल्फ़ाज़ हो तुम

मुश्किल हैं राहें और सर्द है हवाएं
पर जिंदगी जीने का अंदाज़ हो तुम

हुनर जो मेरी शख्शियत निखार दे
उस हुनर का मुकम्मल रियाज़ हो तुम

आईना देखकर महसूस मुझे होता है
दिल में छुपा वो एक गहरा राज़ हो तुम

खुले आसमान की गिरफ्त में हूँ अब
मेरी चाहत की पुरउम्मीद परवाज़ हो तुम

89- हर तरफ खालीपन

पिरोते रहे हम रिश्तों की दुनिया
पर न जाने मन खाली सा क्यों लगता है
लगी है भीड़ तमाशबीनों की
फिर भी शहर खाली सा क्यों लगता है

लफ्ज़ गुम हो गए हैं ना जाने कहाँ
ऐतबार भी थककर कहीं सो गया है
उम्मीद ज़िंदा है उजाला दिखेगा कहीं
पर सूरज आसमां में कहीं खो गया है

गुमसुम मेरी दहलीज़ के परिंदे हैं
मैं भी परेशान और पशेमान सी हूं
बदस्तूर कोशिश है ज़मीर न मरे
दिल खाली खाली है, मैं हैरान सी हूं

शिद्दत खो चुकी है तस्सवुर भी
लोग अदावत के परचम लहरा रहे हैं
कंधे जो हुआ करते थे सहारा अब तक
वो मेरे ढलते वजूद से टकरा रहे हैं

हरसू तेज़ आंधियां चल रही हैं
जो थे मेहरबान, गुनाहगार हो गए हैं
हर ख्वाब टूटकर बिखर गया है
मोहब्बत भरे दिल भी बेज़ार हो गए हैं

90- तेरा वजूद

आज फिर से दिल पर दस्तक दी
फिर किसी ने यादों को जगा दिया
दिल फिर सहमा सहमा सा है
कोई गुजस्ता मेरा वजूद हिला दिया

एहसासों में मची है खलबली
अरमानों का सैलाब उमड़ आया है
जैसे पतझड़ से पहले किसी ने
मेरे सपनों का सहर सजाया है
ये कैसी बहार है जिसने रुला दिया
कोई गुजस्ता मेरा वजूद हिला दिया

यह क्या! जिन ख्वाहिशों को
मैंने खुद ही कफन ओढ़ाया था
मुड़कर फिर उन्हीं ख्वाहिशों ने
मेरे सपनों का महल गिराया था
मेरा आशियाना फिर से जला दिया
कोई गुजस्ता मेरा वजूद हिला दिया

छुपा रखे थे जो अश्क मुद्दत से
ज़माने भर की निगाहों से हमने
नफा-नुकसान का हिसाब क्या रखें

सफहे चोरी हुए किताबों से कितने
मैने कम पाया और ज़्यादा गवां दिया
कोई गुजस्ता मेरा वजूद हिला दिया

मलाल नहीं ज़माने की रंजिश का
ज़िन्दगी में जो पाया, बहुत पाया
पर रिवायतों से न आज़ाद हुई
जब-जब मैने खुद को आजमाया
बेड़ियों ने हर बार मुझे दहला दिया
कोई गुजस्ता मेरा वजूद हिला दिया

ये बेड़ियां तब भी थी कायम
जब मेरी मासूमियत को कुचला था
वक्त न जाने कहाँ ठहर गया था
मेरे हर फैसलों को बदला गया था
तुमने किस खता का सिला दिया
कोई गुजस्ता मेरा वजूद हिला दिया

अब भी खयालातों की कैदी हूं मैं
चाहतों को न कभी मैने आजमाया
सोचती हूँ ज़ाहिर कैसे करे कोई
किसने किसको कितना सताया
सारे जज़्बात मेरे औरों ने दबा दिया
कोई गुजस्ता मेरा वजूद हिला दिया

अभी अभी एक दबी आवाज़ ने
मेरे जेहन को थोड़ा थपथपाया है
खुद के लिए तो जी ले कभी
तेरा वजूद ही तेरा सरमाया है
जिसने तुझको तुझसे मिला दिया
गुजस्ता क्यों तेरा वजूद हिला दिया

91- आशिकी तेरी खुद्दार है

कैसे गुज़ारी होगी तुमने
वह रुत मेरे बगैर
वफ़ा के बदले थामी जफ़ा
और तुम हो गए गैर

अरमान पिरोये थे हमने
लम्हां-लम्हां जोड़कर
वह लम्हां वहीं थमा है
जहाँ गए थे तुम छोड़कर

आकर ज़रा देख आंखों में
आँसू मेरे नदामत के
एहसास शायद होगा तुझे
कैसे जिए लम्हें कयामत के

कैसे कोई हबीब
बन जाता है यूँ ही रकीब
कुछ तो जवाब दे ज़रा
ए मेरे बिछड़े नसीब

जवाब मिला....

आशिकी तेरी खुद्दार है
क्यों खुद को रुसवा तू करे
जज़्बातों की जिसे कदर नहीं
उसके पीछे क्यों तू मरे

मुख़्तसर सी ज़िन्दगी यह
खुदा की एक नियामत है
उसकी जफ़ा उसे मुबारक
तेरी वफ़ा तेरी अमानत है

गैरों के पीछे आँसू बहाना
कहाँ की यह रीत है
रब से तू मुहब्बत कर ले
बस यही सच्ची प्रीत है

92- किधर रुख करें?

कहकहे गूंजते हैं मयखानों में
सिसकियां तड़पती बन्द दरवाज़ों में
दिखावट हर तरफ रवायतों में
और सिर्फ छलावा है अखलाखों में

बनावट झलकती है जज़्बातों में
फितरत है दिल और दिमाग़ों में
बेबसी छुपी है तंग लिबासों में
जिस्मफरोशी नुक्कड़ बाज़ारों में

अंगार दहकते हैं सीनों में
नफरत दिल के आबशारों में
मैं ही मैं की गूंज फ़िज़ाओं में
इंसानियत गुम है इंसानों में

किधर रुख करें ऐसे हालातों में
बेअसर दुआएं भी हो गई हैं
जैसे भगवान सो गया हो अर्स में
और सारी दिशाएं कहीं खो गई हैं

93- राज़

खुल जाए जो राज़, राज़ माना नहीं जाता
हर राज़ दिल का यूँ ही बताया नहीं जाता

तन्हाई के पर्दों में दास्तानें दफन रहती हैं
दर्द बयां नहीं होता, और सुनाया नहीं जाता

जुबां खामोश रहती है उलझनों की गिरह में
तड़पती है रूह, ज़ख़्म दिखाया नहीं जाता

है यह सवाल, कब तक राज़ छुपाकर जियें
आखें खुश्क हैं, आंसू और बहाया नहीं जाता

राज़-ए-उल्फत सीने में दबा के सिसकते रहे
सताया बहुत खुद को और नहीं सताया जाता

94- कुछ पल रुकते

बंद मुट्ठी में न कभी रुकते हैं
फिसलते रहते हैं जिंदगी के लम्हें
कुछ पल रुकते, कुछ बात करते
ये सुलझ सुलझकर उलझते लम्हें

कैसे बीते कुछ हिसाब लगाते
कड़ी से कड़ी जुड़ता या जोड़ लेते
सिसकियों का भी हिसाब पूछते
अधूरे जज्बातों को कहीं छोड़ देते

रूखे रिश्तों को ज़रा संवारते
आंखों के जाले हटाते मिलकर
एक कदम तुम आगे बढ़ाते
दो हाथ हम भी बढ़ाते खुलकर

हर कहानी के मोड़ संकरे हैं
वक्त चाहे तो राह दिखला दे
पिघलाये जज़्बात, फितरत बदले
तनकर-झुकना भी यह सिखला दे

कुछ भी करो, लम्हें नहीं रुकते
हर पल हमें इशारा ये करते हैं
दूसरे छोर की सदा याद रहे ताज़ा
चलते रहना अनवरत ये कहते हैं

95- शुकराना

ज़िन्दगी में है जवाब हर एक सवाल का
बस रंग न उड़ने देना कभी इस गुलाल का

कायम जो रख सके रफ्तार वक़्त के साथ
होगा चर्चा बस उसी के हुनर-ओ-जमाल का

रिश्ते कायम रहें, और बढ़े रूहानी राब्ता
दिल के खानों में न हो कोई कोना मलाल का

मुकम्मल मिले सब कुछ, मुमकिन तो नहीं
रब से क्यों शिकवा करें दिल-ए-बदहाल का

मिला जो मुझे वो तकदीर का अहम हिस्सा है
दुआ तस्लीम हो जाए, तो हो जीना कमाल का

यह पल, यह दिन, दरअसल एक हकीकत है
एतमाद खुद पर रहे ज़िन्दगी के इस्तकबाल का

रूह तेरी संवर जाएगी शुकराना अदा करना
वाहिद ही ज़रिया है ज़िन्दगी में खुशहाल का

96- मेरी सादगी

फितरत में मेरी वह कवायद नहीं
जो छीन ले किसी दिल की खुशियां
नामुराद दिल मेरा एक समंदर है
संभाले रखती हूँ रिश्तों की कस्तियां

मिले हमकदम कई खोखले दिल के
पहचान न पाई मैं उनकी खुदगर्ज़ी
मौकापरस्त थे, जुबान के थे वे मीठे
और थी मैं ज़ेहन से पुरानी मनमौजी

राब्ता-ए-शादमानी रहा कदम दरकदम
बेखबर थी मैं रह गई मेरी हसरतें अधूरी
मेरा ईमान न था कि करें शक-ओ-सुब्हा
न समझ पाई मतलबी हरकतें फितूरी

रस्में उल्फत निभाना ही दीन-ओ-ईमां था
राहों में उनके मैंने हमेशा पलकें बिछाई
मेरी सादगी ही मेरी दुश्मन बनी अक्सर
जालसाज़ी न किया न कभी बातें बनाई

ए दिल सुन फरेब करना तुझे आता नहीं
चेहरे का नूर है तेरी सादगी तू जान ले
खफा रहना किसी से तेरी अदा नहीं
यही तो है तेरी असली जिंदगी तू मान ले

97- जज़्बात

कैसे कहे कोई अपने दिल की बात
हो चुके हों लहूलुहान जब जज़्बात

शाख से टूटकर वो बिछड़े हुए पत्ते
मर्तबा पाएं कैसे ज़िन्दगी की सौगात

हंगामे कितने भी कर लो उजालों में
साम होते ही दस्तक देगी अंधेरी रात

उलझना तय है, सुलझाओ न बैठकर
मिलेंगे गर मुकद्दर में होगी मुलाकात

राहगीर वैसे तो मिलते हैं कई राहों में
पर मुमकिन नहीं मिलते हों खयालात

उन्हें ज़िद थी हम उनके हमराज़ बने
पर कमबख्त दफन थे हमारे जज़्बात

ज़रूरी नहीं कि अश्कों की नुमाइश हो
बारिश के बहाने हुई आंखों से बरसात

खामोशियों की गिरफ्त में दफन हो गए
कितनों के हालात, कितनों के सवालात

98- रहबर नहीं मिला

जिसकी चाह में शमां जलाये बैठे हैं
अभी तक वो मुझे दिलबर नहीं मिला
घर मिले, गुल-ओ-गुलिस्तां भी मिले
मुझको अब तक कोई रहबर नहीं मिला

पूछते रहे गुजरते वीरान रास्तों से हम
रुक-रुककर उसका पता ठिकाना
दिन बदले, बदलती रही रातें लेकिन
उस अजीज़ का न हुआ आना-जाना
राहों में कभी मील का पत्थर नहीं मिला
मुझको अब तक कोई रहबर नहीं मिला

छुप जाते हैं लोगों की नज़रों से अक्सर
खुद में ही खुद को तलाशते रहते हैं
जहां तक नज़र जाती है भीड़ ही भीड़ है
और हम भीड़ में तुझको पुकारते रहते हैं
तू वही है जो कभी हंसकर नहीं मिला
मुझको अब तक कोई रहबर नहीं मिला

दिल बेकरार था मेरा, किसी ने देखा नहीं
लोग मिलते रहे, और बेवजह बिछड़ते रहे
ख्वाहिश थी अपना दिल उड़ेल दे मुझ पर

यहीं अरमां लिए हम दिन रात तड़पते रहे
बदकिस्मती से वो मुझे खुलकर नहीं मिला
मुझको अब तक कोई रहबर नहीं मिला

न जाने कहां छुप गया दिन के उजाले में
सितमगर खो गया, खोए रहे खयालों में
अब तो फकीरी ही रास आएगी इस बुत को
इश्क़ में चैन तो पल भर न मिला सालों में
वक्त किसी मोड़ पर रुककर नहीं मिला
मुझको अब तक कोई रहबर नहीं मिला

99- वक़्त आजकल

नींद न जाने क्यों आजकल है खफ़ा-खफ़ा
दर-ओ-दीवार में जैसे हो छुपा बेवफ़ा

"सच का बोलबाला" किताबों तक है सीमित
सच की सीसी में बिकती है झूठ की दवा

दुश्मन तो दुश्मन, दोस्ती ने मुखौटा पहना है
फरेब करने का नया चलन भी खूब चला

ज़ख़्म कुरेदने वालों की दिखती नही फितरत
आंखों से न जाने खो गई कब शर्मो हया

उम्मीदों के फूल खुदगर्ज़ी के हत्थे चढ़ गए
सुकून देती रूहों से गायब हुई दिल की दुआ

लाख कोशिश किए पर मर्ज ये मरता ही नहीं
ज़हरीली हवाओं से बेरौनक है ये आसमां

किससे गिला करें इन बदलते हालातों की
सच तो कड़वा है कैसे करें किस्से बयां

100- तदबीर बिना तकदीर नहीं

गर ज़िन्दगी का लुत्फ उठाना हो
तो उठो ज़लज़लों से वाबस्ता हो
परवाज़ बुलंद करो उड़ान भरो
और झुका दो अनंत आसमां को

रुखसार पर न कभी शिकन हो
न रहे सीने में किसी बात की खौफ
वक़्त चाहे जितना भी गर्दिश में हो
अपने इरादे रखना हमेशा ही नेक

ज़र्रे ज़र्रे में छुपे हैं हजारों सवाल
आसां नहीं है इनका जवाब ढूंढना
तकदीर रुठे गर किसी मुकाम पर
अपने ठोस इरादों से सवाल पूछना

दस्तक देती है कामयाबी खामोशी से
न कभी भीड़ का हिस्सा बनो तुम
आंखों में अपने ख्वाब ज़िंदा रखो
तदबीर से ख्वाहिशों में रंग भरो तुम

जनून इरादों में होगी तो जीत जाओगे
कुदरत भी सर झुकाती है जिद के आगे
तराशो अपने अंदर के ज़मीर को ऐसे
कामयाबी छोटी लगे तदबीर के आगे

101- मैं आफ़ताब हूँ

आफ़ताब हूँ रोज़ निकलता हूँ
अंधेरी रात को रोशन करने
मायूसियों के अब्र हटाकर
यहां वहाँ खुशियाँ भरने

कितने चिराग रात के साये में
टिमटिमाते हैं और बुझ जाते हैं
काली चादर के स्याह साए में
रोशनी बिखेरते हुए मर जाते हैं

थके, बेबस, बेसुध लोगों के लिए
मैं मदहोशी की दवा भी हूं
आगाज़-ओ-अंजाम हूं इश्क का
मंजिल भी हूं कारवां भी हूं

सबकी दुनियां मैं चमकाता हूँ
अपनी चांदी से बुने तारों से
जगाता हूँ नींद से परिंदों को
सपने बुनता हूं मैं इशारों से

कौन मेरी हकीकत से वाकिफ नहीं
मैं जवां दिलों की धड़कन हूं
मैं टिकता नहीं मनमौजी जो ठहरा
पर तेरी रात की मैं रौनक हूं

102- इन्तज़ार

जब तक तुम थे दिल में बसे
दुनिया असीम थी आसमां की तरह

थे नज़ारे रंगीन और खुशनुमा
जैसे फूल सजे हों गुलिस्तां की तरह

भरी थी ताज़गी मेरी साँसों में
उफान थी धड़कनों में तुफां की तरह

मीठा सा दर्द था इंतजार में
जिंदगी रवां थी कारवां की तरह

मुफलिसी थी पर गम न थे
मुश्किलों में तुम थे हमनवां की तरह

अब जब दूर हुए मुझसे तुम
दर्द उठता है दिल से धुंआ की तरह

सोचा शायद गए हो रूठ के
हाथ थाम लोगे फिर मुस्तफा की तरह

हर साँझ ढली पर तुम न आये
दिल जलता रहा कहकशां की तरह

कैसा गिला तुम लेकर बैठे हो
सोंचती हूँ साँझ सवेरे फलसफा की तरह

एक बार पूछो अपनी धड़कनों से
क्यों राब्ता है परवाना-ओ-शमां की तरह

कैसे वे मंज़र तुम भूल गए
सपने देखे थे मेरे साथ दिलरुबा की तरह

फ़कत एक बार मिल तो लो मुझसे
क्यों छुपे बैठे हो मुझसे मेरे खुदा की तरह

छूटेगा नाता फिर इस इंतज़ार से
हर साँस नहीं मांगेगी तुम्हें दुआ की तरह

सुकून से लौट जाऊं बारगाहे खुदा में
दर्द जो काम करे एक दफा दवा की तरह

103- ज़िन्दगी

ए ज़िन्दगी तू कितनी खुशगवार होती
चंद जरूरतें होती, ख्वाहिशें न बेशुमार होती

साँस दर साँस तेरी उम्र घटती रहती है
सुकून से जीते जो कदमों में न रफ्तार होती

न तेरी राह जद्दोजहद से भरी होती
न मैं रंजिश करती, और न मैं बेकरार होती

न चाल चलता ज़माना फितरत भरी
लोग करते वफ़ा मुझसे, मैं भी दिलदार होती

काश ख्वाब न टूटते, दिल सकून पाता
वजूद कायम रहता, न इतनी होशियार होती

ये ज़िन्दगी थोड़ी दरियादिली दिखाती तो
न अश्क पीने पड़ते, न मैं ज़िबह बार-बार होती

न हर सुबह मुझसे मेरा कल छीन पाता
न तेरा इंतज़ार करती, न मैं गुल से खार होती

104- लाज़िम है खुद से रूबरू होना

उमंगें कुछ खो सी गई हैं
आशियाँ भी उदास है
पर कुछ तो है पुरवाई में
अभी भी एक मिठास है

नहीं रही मदमस्त हवाएं
फिजाएं भी रूखी-रूखी
क्योंकि जिंदगी रुसवा नहीं
दिल में छोटी सी आस है

बदलते रहते हैं रंग-ढंग
कुछ अपने, कुछ बेगाने
कुछ तो समझ से परे भी
फिर भी क्यों मन उदास है

नहीं वाजिब सबको समझना
बावलापन ही मुझे प्यारा है
जबसे खुद से हुई हूं रूबरू
लगता है, आईना भी खास है

औरों जैसा होना जरूरी नहीं
लाज़िम है खुद से रूबरू होना
दीवाना लोग कहते हैं तो कहें
आ रही दीवानगी भी रास है

105- दिया

दोष न दो इन हवाओं को
न थका, न थकूंगा मैं जलते-जलते
वक्त का कोई कसूर नहीं
भूल जाते हैं लोग चलते-चलते

फीकी हैं महफिलें मेरे बगैर
अरे तीली उठाओ, रोशन कर दो
मेरे जख्मों की परवाह न करो
मेरा वजूद है मरना जलते-जलते

जलना-बुझना मेरा नसीब है
मेरा तकदीर कोई कैसे बदले
मुतासिर हूं बदलते हालातों से
पर जीता रहूंगा सहते-सहते

ज़र-ज़मीन का कोई मोल नहीं
इखलाख ही है सबसे हसीन
शफकत की लौ जलती रहे
थक चुका हूं ये कहते-कहते

अंधेरा सच्चा साथी है मेरा
यह नहीं गर, तो मैं भी नहीं
आफताब भी जलता है मुझसे
घूरता रहता है मुझे ढलते-ढलते

106- यह पल

ए चाँद ज़रा कदमों को रोक ले
या बादलों में छुप जा तू
अपने चाँद को नजरों में भर लूं
रात न बीते रूक जा तू

मुद्दतों से नहीं हुआ दीदार उनका
रूबरू होने दे उनसे मुझे
मेरी आंखों की बेताबी न पढ़ तू
बचा ले आज तू मुझसे मुझे

सूरत में उसकी नूर तुझसे कम नहीं
ए चाँद तू भी शर्मा जायेगा
गहराई इतनी है उसकी आँखों में
नजरें मिली तो डूब जायेगा

मदहोश कहीं मैं हो न जाऊँ ऐ चांद
पहलू में होंगे जब वो मेरे
बाँहों में सिमट जाऊंगी उनके जब
हो जायेंगे मेरे सपने सुनहरे

आज सुकून मेरी रूह को मिल जायेगा
साहिल पर आज सफ़ीना होगा
ये रुत और ये फ़िज़ाएं हक़ में हैं मेरी
मुक़्कमल आज मेरा जीना होगा

107- हकीकत

लफ्ज़ों को तोड़ - मोड़कर
कुछ असआर उभर आते हैं
जहां लब रहते हैं खामोश,
काले अक्षर कुछ कह जाते हैं

सुकून की तलाश में बेचैनियाँ
निगाहों को घूरती रानाइयाँ,
खो देती हैं उम्मीदें जहां रास्ता
उसी मक़ाम से है मंजिल का राब्ता

अस्तियां ठंडी होने की देर थी
कि रश्क फैल गया हवाओं में
मरहूम के खोने का दर्द जैसे,
हो गया हो फ़ना फिज़ाओं में

बिखर गई अल्फाजों की स्याही
एहसास छुप गए मुखौटों में
दिल के शीशे हुए टुकड़े टुकड़े
कौन जान डाले मरे जमीरों में

108- मैं और मेरी ज़िन्दगी

ज़िन्दगी ठहरी सी लगती है
पर है हलचल सी अभी बाकी
मैं अक्सर तन्हां रहती हूं मगर,
बिखरने की हदें हैं अभी बाकी

मुमकिन है कि जमाने को लगे
मैं बिखरने लगी हूं तिनकों में
जिंदगी के इस मुकाम पर भी
तिनकों में जान है अभी बाकी

हर बहाव के साथ रुख बदलूं
मेरी आदतों में अब शुमार है
समंदर मंज़िल नहीं वो दरिया हूं
मुझमें आब है अभी बाकी

बारिश जो तूफ़ान में बदल जाए
कश्तियाँ डूब जाती हैं किनारों पर
मैं भी चलती फिरती तबाही हूं
कदमों में ठहराव है अभी बाकी

मेरी कश्ती का रखवाला खुदा है
मेरी पतवार है उसके हाथों में
मैं रहूंगी मुरीद उस मालिक की
जब तक जान है अभी बाकी

मैं और मेरी ज़िन्दगी आपस में
अक्सर अठखेलियाँ करते हैं
वाकिफ नहीं हर एक पहलू से
पर सांसों में जनून है अभी बाक़ी
न यूं वक्त गवाओ मदहोशी में
उठो एक बार मुझको अपनाओ